世界をつかむ「3つの棚卸し」

国際会計人が提案する明日を生き抜く方法

公認会計士・税理士
湯浅光章

言視舎

はじめに

今世紀に入って、ライブドア、カネボウ、日興コーディアル証券などで会計監査と公認会計士にまつわる粉飾決算事件が立て続けに起こった。米国でもエンロンやワールドコムで大手会計事務所による巨額の不正会計が発覚した。最近ではオリンパスの損失隠し事件が記憶に新しい。

だが事件に深くかかわったとされる公認会計士とは一体どんな存在なのか、企業活動においてどのような役割を担っているのか、一般に知られているとは言いがたい。特に経済がグローバル化するなかで、国際的に活動する職業会計人（税理士や公認会計士の総称）の仕事の内実は、ほとんど伝えられていないのが実情だろう。

私は四十年近く職業会計人を務めてきた。公認会計士の仕事は財務書類の会計監査がメインだ。しかし、私は世界にネットワークを持つ外資系のピート・マーウィック・ミッチェル会計士事務所（現在のＫＰＭＧ）に所属していたため、これまで二十カ国以上で国際的なＭ＆Ａ（企業の合併・買収）や税務、多国籍企業に関する監査、経営コンサルティングなどを幅広く手がけてきた。日本でこうした経歴をたどってきた会計人は数少ないと思う。

本書は、私がプロの会計人になるまでの道のりを含め、日本の企業が海外に進出し始めた時代から国際ビジネスの最前線でどんな仕事に携わってきたかを具体的に紹介している。

国際的な現場において仕事を進めるうえで、欧米人の考え方や価値観を理解することは必要不可欠となる。裏返せばそれは、日本人の特質をいやがうえにも考えることでもある。

争いや自己主張を避ける日本人は国際化には最も不向きな民族といえるが、一方でこの国は資源ひとつ取ってみても自国のみでは生きていけないという厄介な事情を抱えている。

最も国際化の苦手な国が国際化しなければ生きていけないという矛盾をどうすればいいか？ 折々のビジネス現場で私はこの問いに直面してきた。

日本人がなすべきは、まず自分自身を知ることだと思う。自分と異なる考え方や価値観を理解するためには、まず自己理解から出発しなければならないからだ。日本と日本人について知るために、本書は私なりに試みた日本人論のデッサンでもある。

実は公認会計士にかかわる事件が続発する背景には日本独自の企業文化があると思う。それを見るため社会貢献をキーワードに日米の職業倫理についても考えた。具体例としてカネボウ事件とオリンパス事件の背景について触れている。

本書でもう一つ示したかったのは、未来に向けた日本の可能性である。苛烈な競争を繰り広げる国際舞台において和を重んじる日本人の性質は確かに弱点になる。しかし一方でそれは、東日本大震災の現場において礼節や忍耐や協調性として発揮された。

日本人が本来持つこの互助の精神は、二十一世紀の世界を拓く価値観になる可能性を秘めている。あるいは仕事を通した社会貢献というかたちで私たちの生きがいにもなりうるのではないか。楽観はできないが、それが明治維新、敗戦に次ぐ〝第三の国難〟と呼ばれる事態に直面する日本の数少ない、しかし確かな希望ではないだろうか。

タイトルにある「三つの棚卸し」は、自らの人生を切り拓くために私が提唱する自問法である。私は日本という国が未来を生きるためにもこの「三つの棚卸し」が必要だと考えている。くわしくは本文を読んでいただきたい。

公認会計士は法律で守秘義務が課せられている。それに配慮して各エピソードの引用に際しては関係者の承諾を得たうえ一部事実を変えた。また二〇〇六年の監査法人退職以降、私が所属したＫＰＭＧも監査の環境も以前とは異なっている。あらかじめご了承願いたい。

本書が厳しい時代をそれでも前向きに生きていく次世代の指針の一助になれば幸いである。

目次

はじめに　3

第一章　合併・買収の国際現場　13

目的はただ「買うこと」　13
日米混合チームの調査　16
プロの誇りと信念　17
英語が通じない！　19
労働意欲の足し算と引き算　21
検討して答えます　22
お金で時を買う　24
情報の伝言ゲーム　25
あなた方に任せます　27
トップに〝花を持たせる〟　30
「医者」としてのアドバイザー　32

報酬は単価掛ける時間 35
決定権を持つリーダーを決める 37
レベルをそろえた情報をタイミングよく 39
意思決定のプロセスを一元化する 41
さぁ交渉の開始だ 42
ハードネゴとソフトネゴ 44
合理性の決定に関わる文化差 45

第二章 パワーの国アメリカ 49

まずトップに話を通せ 49
監査サービスの編成 52
初回の顔合わせ 54
千人参加のゴルフプレー 55
何が起こった？ 57
これぞアメリカだ 59
トップを見ればレベルが分かる 61

キャリアをみがく　63
指導者の責任と倫理　64
個人の力と国の力　66
ＭＢＡは必要か　67
結果平等主義の誤り　69
競争と互助が共存する思想　71

第三章　「最高の自己満足」のために　73

最後は何かのために　73
やると決めたらやりきる　75
自分の目指す道が決まった　77
ウサギとカメ　79
この式を解けば答えが出る　81
得たものが大きいほど失うものも大きい　83
みずから進路を狭くするな　86
「資本論」の押しかけゼミ　87

社会への巣立ちの時間　88
レンゲソウとチューリップ　91
運と努力と才能と　92
苦難の中の幸福　94
三つの三つを考えよ　95
三つのF　97
三つの棚卸し　99
自分に対する確信　101

第四章　国際職業会計人として　103

難しいことに挑戦しよう　103
利己主義、個人主義、自己主義　105
自分の責任で主体的に判断する　106
真実が最も公正さを担保する　108
それはきみの仕事だよ　110
新人で実社会の監査現場に　112

会社の健康診断書の見方　113
〝性悪説監査〟の洗礼　115
現実社会の修羅場　117
髪の毛が真っ白になった　119
本場でプロの誇りを学んだ　121
日常に危険がある国　123
オール電化マンションに象徴される国　124
危機管理意識の欠如　126
自分が理解されないという前提　129
それは私の喜びです　131
ほぼ単一民族、単一言語の島国　133
きしみを上げる日本　135

第五章　職業倫理と社会貢献　138

ビジネスの基礎と本質　138
「松下経理大学」に学ぶ　140

エリート意識と責任感　143
数字でコントロールされる経営管理　145
「社会の公器」としての会社　147
職業を通じた社会貢献　150
プロテスタンティズムの寄付と脱税　153
欲望と欲望が衝突する場所　155
会計は人が左右する　159
公認会計士の社会的使命　160
カネボウの巨大粉飾はなぜ起こったか　163
性善説に基づく審査体制　165
オリンパスの損失隠しで何が起こったか　167
事を荒立てない風土　169

終章　なぜ日本なのか　171
『日本沈没』が投げかけた問題　171
自他のＯＳを理解する　174

自分一人では自己満足できない　175
驚かれた互助精神　178
日本が世界にできる貢献　180

あとがき　183

著者略歴　187

第一章　合併・買収の国際現場

国際的なM&A、企業買収や合併のプロセスには、その会社の能力と性格ばかりか、お国柄や民族性の差がはっきりと表れる。いわば風土に根ざした企業文化が鋭く衝突する現場がM&Aともいえるだろう。私が職業会計人として国際ビジネスの最前線を飛び回っていた時代は、日本がバブル経済を背景に国際的なM&Aを展開していた一九九〇年代である。その体験から、今も変わらぬ日本の企業風土に何が欠けているのかを考えてみた。

❖――目的はただ「買うこと」

二〇××年一二月、私が「独立委員会」の委員をしていた日本の上場会社が、他の日本の大手企業に買収されたことがあった。

「独立委員会」とは、株式の大量買い付け行為に対して買収防衛策を発動するかどうかを判断し、勧告するために設置された第三者組織である。

しかし、この買収劇の事実が私に知らされたのは、買収から三カ月も経った後の翌年二月で、「独立委員の意味がなくなったので契約を解除する」という内容の通知によってだった。

本来なら買収成立前に独立委員に告知すべき事案だ。「どういうことか？」とその会社の幹部に尋ねると、「急展開の買収工作のため知らせる時間的余裕すらなかった」と言う。あまりに急ぎ足の話に、私はこれまでの経験から尋ねてみた。

「昔からそうなんやけど、日本の企業買収は買収したまではいいけども、じゃあ実際にその後、経営をどうやっていくのかの方針が案外きちんと決まってないんですよ。今回もそうやないんですか？」

京都で育った私の〝母国語〟は、基本的には関西弁だ。だから関西アクセントになる。

先方の答えは「おっしゃるとおりです」。

買収した相手側は買収から三カ月たっても何も指示してこないという。

買収する側に、アイデアとグランドデザインはある。方針はトップが決めて、経営企画部などが株価の下がったときに買収を進めるというのが実態である。首尾よく買収が成功裡に終わったら、被買収会社の管理ポストに人員が送り込まれる。

しかし、送り込まれた彼らには買収後の実際的な運営や管理方法ははっきりとは知らされていない。上からの指示がないことには実務的に何をしていいかは分からないということになる。

三カ月経っても指示されない、ということは、「買うこと」そのものが目的となって、それ以後の戦略がなく、買収後の計画に沿った行動をする実務部隊がいないということだ。これは日本企業の買収事案に典型的に見られるケースである。

買収後の経営方針というと、たいていは買収された側の経営者をそのまま据え置いて、「よく知っている経営者に任せて従業員も据え置いたまま、ドラスティックに会社を変えることはいたしません」という。

こうしたケースは外資系の企業では、まずあり得ない。幹部社員は総取り替えされ、新しい幹部の方針で全社が染めあげられる。海外ではオーナーが変われば、当然のように経営方針が変わる。

買収するほうは、自分たちの事業に有利になるように相手の会社をデザインし直すのが普通だ。だから何の指示もくだされないということはありえない。

日本の買収にみられる経営者や従業員の温存は、異なる企業の合体に伴う摩擦とショックを回避し、やわらげようという日本的な「和の精神」の表れとも捉えられるだろう。困難な問題をとりあえず先送りしてあいまいに済ませようとする「甘えの精神」とも捉えることができる。

人情や融和よりも冷徹な計算とシステムで駆動しているビジネスの世界からいえば、「合理性と自律性の欠如」といえる。

ああ、日本人の心性と企業文化は、昔から基本的にはなんにも変わっとらんなぁ。

私は一九九〇年代、私が最前線で関わった国内外のM&Aのことを思い出していた。

❖――日米混合チームの調査

アメリカはM&A発祥の地である。これに対して、日本で敵対的M&Aが社会的にようやく認知されるのは一九九〇年代のことだ。日米の企業文化・風土の違いが取りざたされ、それを背景にしたハリウッド映画「ライジングサン」（一九九三年公開）まで制作された。

私が国際ビジネスの現場を飛び回っていた時代は、ちょうど日本の企業が円高やバブル経済を背景に積極的に海外進出を始めた一九八〇年代以降と重なる。

だから日本と海外の文化差、とりわけ日本とアメリカの企業文化の違いが交差し、衝突し、すれ違う現場に居合わせたことになる。

その九〇年代のことだ。私のクライアントだった日本の大手企業がアメリカの会社を買収する話が持ち上がり、私は会計士としてこのM&Aにかかわることになった。お相手はロサンゼルスに本社のある電子機器会社だった。

二〇〇一年にアメリカで起こったエンロン事件（世界最大手の米国エネルギー会社による巨額

粉飾決算事件）以降、監査人はこうした監査業以外のコンサルティングを禁じられているが、このころの会計士はまだクライアントの多角的なビジネス現場にかかわっていた。

私は、クライアントの当該事業の担当経理責任者と、本社の経理部・法務部社員たちと一緒にロサンゼルス空港に降り立った。被買収会社の本社及び、製造拠点であるメキシコのティファナにある工場を訪れるためだった。そこで、買収に向けた事前のデュー・デリジェンス（Due Diligence - DD）、つまり相手方企業の資産などに関する事前調査をすることになっていた。

チームには、外部からアメリカ人弁護士、フィナンシャル・アドバイザーとして投資銀行社員、会計アドバイザーとして私——という計三人の専門家が作業を補佐すべく加わることになった。

日米混合で作業に当たったこのときの経験によって、日本方式で進めるM＆A計画の組み立て方、会議の運営方法がいかに非効率的か、そしてアメリカのプロはいかに誇りを持って業務に当たっているかをいやというほど認識させられた。

日米の違いはまず、移動手段で見せつけられた。

❖——プロの誇りと信念

ロスの空港に着いた私たち日本人の一行は、迎えのマイクロバスに乗ってロス郊外の宿舎であるヒルトンホテルに向かった。そこで、ニューヨークから来るアメリカ人弁護士とフィナンシャル・アドバイザーの面々に合流する予定だった。

　私たちはホテルでアメリカ人弁護士を待っていた。

「遅いなぁ。ニューヨークから来るんだから仕方がないか」

　そう話していた矢先、黒光りするリンカーンコンチネンタルのストレッチ・リムジンがホテルの玄関前に静かに到着した。ハリウッド映画によく登場する、豪華内装に美女を侍らせた異様に車体の長いリムジンだ。

「まさか、あんな贅沢なものには乗ってないやろ。たぶん二人だけだろうし」

　リムジンからさっそうと降りてきたのは、バリバリのキャリアウーマン然とした女性と、黒色のアタッシュケースを手にした白人紳士。彼がくだんのアメリカ人弁護士だった。

　あっけにとられた。

「ベストのスタイル、ベストの状況でクライアントにサービスを提供するのが自分たちの職業である」――。アメリカの知的職業たる弁護士たちが有する誇りと信念を見せつけられた気がした。

　なぜ彼が選ばれたのだろうか。クライアントの会社の人に尋ねると、屈託なく答えた。

「彼は長年、わが社の案件を取り扱っているニューヨークの弁護士事務所の人間です。ということは、わが社の本社の人間がどのようなレポートを望むか、どのような表現を望むかを熟知しているわけです。専門的な知識が必要なM&A専門の弁護士ではないけれど、こちらからあれこれ注文をつけずに済みますからね」

この弁護士事務所は、クライアントが取り組む「事業内容」に合わせてというよりも「思考スタイル」に合わせたサービス提供、つまりレポートを作成することに長けていたということだ。日本側の本社経営陣を最初から意識し、彼らがどんな表現を好むかを熟知している弁護士がアメリカには存在していたのだ。

そして、依頼した日本の企業は、弁護士の選定基準に、目の前の大事業である「M&Aの成否」よりも「経営陣への報告スタイル」を重視していたということである。

これ以降も、私はビジネスに対する日米の意識の差を肌で感じることになる。

❖──英語が通じない！

翌日から、私たちはそれぞれの分野に分かれて、財務資料や契約書、その他の会社の内部資料が用意されたデータルームでの仕事を始めた。法律的な資料は弁護士チームが、財務的な資料の分析と現地確認は私たち会計チームが、それぞれ行なうことになった。

私たちはさっそく現地工場を見学するため、若きフランク・シナトラが歌った「国境の南(South of the Border)」の町ティファナに向かった。

ロスの空港からメキシコ国境の北にあるカリフォルニア最南端の町サン・ディエゴまで一六〇

キロを自家用ジェット機で飛び、そのあと国境は車で越える。

メキシコとUSAを分ける陸続きの国境は簡単に越えることができた。

国境線を境に両側では、眼前にまったく異なる風景が広がっていた。国境の南のメキシコ側は茶色の土がむき出しで、その上に家が建っている。よく見ると家の基礎はタイヤでできている。一方、北のアメリカ側は緑が鮮やかな美しい土地が広がっている。

異様な光景だった。

地続きなのだから、一方に雨が降り、他方に雨が降らないなどということはあり得ない。要するに、アメリカ側はスプリンクラーで散水を欠かさないために緑が豊かに繁っており、一方は自然のままだから赤茶けた地肌をそのままさらけ出していたということだった。

これだけはっきりとしたかたちで豊かさの差を目のあたりにしたら、不法越境が横行するのはむしろ当たり前だと思った。

赤茶けたティファナの街を車で抜けた。ところが案内役のアメリカ人が道に迷った。交番のような所で警官に尋ねるが、英語が通じない。スペイン語オンリー。

さぁ困った。残りは日本人しかいない。

❖——労働意欲の足し算と引き算

普通なら案内役は現地で言葉が通じるかどうかくらい知っていそうなものだ。しかし、そこがアメリカ人だ。地球上に英語が通じない場所もなければ、通じない人もいないと無邪気に信じきっている。「アメリカが一番」という誇りというか、うぬ惚れというか、これこそ「アメリカ」だった。

本社から来ていた経理の社員がスペインに長く勤務していたことが分かり、彼の通訳でどうにか工場にたどり着き、見学することになった。

工場では、今ではあまり見かけなくなった飛行機内のゴム製イヤホンを作っていた。驚いたのは、ゴムのチューブを三〇センチほどの長さにカットし、二つに分ける作業がすべて小さなカッターナイフと作業員の口で行なわれていたことだった。いわば手作業だ。日本ならロボットに任せる単純作業である。

「なぜ機械化しないいんですか？　そのほうが正確で早いのでは？」

私の質問に返ってきた回答には意表を突かれた。

「いや、こちらの人件費は機械の償却費よりも安いのです。それに一定のお金が手に入ると、出勤してこない人もいる。だから賃金体系も足し算です。まず最低賃金を決め、それに出勤手当て、出来高手当て、皆勤手当てといった名目で賃金を積み上げ、労働意欲を高めています」

日本とは逆の発想である。

たとえは乱暴だが、銀座や大阪の北新地におけるホステスの給料は引き算だ。「日当は満額なら一〇〇万円の月収になります。一回でも遅刻すると、給料から一定額を引きます。週一回、お客さんをお店に連れて来る同伴義務を果たせないと、やはり一定額引きます」という具合にどんどん日当から引かれていく。

足し算と引き算。労働意欲に対する考え方が正反対である。

このような工場も含めて、私たちはその会社の「価値」を計算していった。

❖──検討して答えます

買収される側の会社社長は当然、買収する相手会社の人間に質問がある。現地のリーダーであるインド人に質問を浴びせるが、そのインド人は

「私にはいま即答する権限がない。このデュー・デリジェンスの間に日本人のボスが来るので、もう少し待ってください」と答えるばかり。

彼も日本人の性格をよく知っていて、自分が回答できることであっても、日本人のボスに報告を済ませてから回答しなければボスの機嫌を損ねるということをよく知っているのだった。

日本のビジネス現場でよくいわれる「ほう・れん・そう（報告・連絡・相談）」である。いくらビジネス作法が違っても、お金のために自分が折れるところは折れていく。これはこれで一つの合理主義だ。

「日本人のボス」と呼ばれた担当事業の責任者が、私たちのデュー・デリジェンスの進捗状況に合わせて現地にやってきた。被買収会社の社長は「それっ」とばかりに質問を浴びせた。

しかし、「日本人のボス」といっても、その事業を担当しているというだけだ。買収事案の経験はない。相手から質問される長期事業計画や人事問題などの方針はまだ決まっていないし、ましてや彼一人で決めることもできない。

もちろん、質問した被買収会社の社長も、その場で最終的な結論を求めているわけではないが、おおよその方針ぐらいは聞けるだろうと期待して尋ねたのである。しかし、そこが日本人だ。

「のちほど本社と検討して答えます」

担当事業の責任者は、それだけの回答を残して日本へ帰国してしまった。

事業担当のボスが来たのだから、その事業に関する基本的な意思決定はそのボスがなし、スタッフの役目はその事業運営をサポートすることだと解釈しているのがアメリカ人である。今度、あっけにとられるのはアメリカ人の側だった。

❖——お金で時を買う

円高の当時、日本が行なっていたM&Aの実態は計画的・組織だったものではなかった。買収に対する認識はといえば——既にできあがった米国の事業を「円の強さ」でもって買い取る、経営陣もそのまま据え置いて、何もしないまま単純に足すだけで自己の事業として運営する、そうすることで今まで以上の結果が残せる、一足す一は二になる、それが買収だ——といった程度ではなかったか。

つまり、お金をかけて時間をかけない、お金で時を買うということである。

乱暴を承知でたとえれば、日本の企業が海外企業を買収する場合、日本国内の土地を買うぐらいのつもりで買収額を決め、もし事業がうまくいかなくても、最後は土地の値段で売れば損はしない、というくらい気持ちで買収合併を行なっていたのではないかと思う。日本における買収の計算は「土地本位制」だったので、そのような価格決定がなされたこともあったと思う。

しかし、「ディール」と呼ばれる海外での企業買収は、買収後に価値を上げ、売買または転売することをビジネスにしている場合がある。また、本当に戦略的買収をする場合、その戦略は非常に細かく練られている。ビジネスの合理性を第一に検討し、法律・税務戦略も詳細に検討してから買収に向かうのが通常の手順である。

もちろん、日本側も事務方はそれなりに勉強もし、買収にはどのような問題があり、資産買収と株式買収にはどのような差があるのかといったことも勉強していた。しかし、実際にやりだすと、かなり手探りの面がある。

綿密な計画に基づくM&Aと、行き当たりばったりのM&A。

国際的なビジネス現場での差は歴然としていた。

❖——情報の伝言ゲーム

ここで紹介したケースでは、日本に帰国してからの手順も日本人の特色をよく表していると思うので、少し素描してみよう。

ロスから日本に帰国したプロジェクトチームは、外部アドバイザーの社員と私を入れて、本社のワーキンググルームで「帰国報告書」を作成していた。このチームは、現地で一緒に仕事をし、チーム全体の意向も十分に理解している。

まず問題点を洗い出し、海外戦略との整合性、交渉に向けてはじき出す買収価格の検討——と順序だてて検討していった。

驚いたのは、その会議の最中に各部署の部長クラスの人たちが順次入室してくることだった。

そのたびに会議は中断した。その都度、チームの課長クラスのスタッフが、上司にこれまでの経緯と進捗状況を説明する。部長クラスは、「うんうん」とうなずいて聞いている。そして、納得した部長クラスの人たちが部屋を出る際にかける言葉がいつも決まっていた。

「頑張ってや」

彼らは何のために部屋に来るのか。私たちは何のために報告書を書いているのか。

外部の人間には理解不能のまったく無駄な時間に思えた。欧米式の合理的な意思決定プロセスに慣れた私たちにとっては、実に奇妙な体験だった。私は部長らが退室するたびに、フィナンシャル・アドバイザーである投資銀行のスタッフとともに顔を見合わせて、ため息をついたものだ。

彼ら部長クラスの人間は各部署に戻って、自分の上司、あるいは部下に作業の進捗具合を報告するのだろう。だが、まとまりのないバラバラな情報は混乱をきたすだけだ。

伝言ゲームと同様で、発信者は同じでも、伝える人間の考えが間に入ることで最後には当初とは異なる情報として伝わっていくのである。それが仕事上、思わぬつまずきに進展することもある。

それを避けるために、たとえば私は会議の際には誰にもメモを取らさないようにしている。電子白板を使い、書記を任命して全員が同じテーマ、同じ情報を見ながら討論する。決まった結論をみんなで共有する。そのほうが当然、意思決定のプロセスがスムーズに進むのだ。

この買収案件は、私の予想通り、最終的には合意に至らなかった。

❖──あなた方に任せます

一九八九年に三菱地所がアメリカのロックフェラーセンターを買収し、ソニーは映画会社コロンビア・ピクチャーズ・エンターテインメントを買収した。翌九〇年、松下電器（現パナソニック）は映画・エンターテインメント大手MCAを手に入れた。

アメリカでは、自動車、映画、野球の三分野で外国企業が買収を行なうことはタブーとされていた。それゆえ当時は「日本がアメリカの魂を買った」と言われ、お金がだぶついた日本のバブル経済を象徴する事件としてセンセーショナルな話題となった。

松下電器の子会社となったMCAは、会社拡大を目指すイギリスのレコード会社を買収しようと親会社に伺いを立てたところ、ストップがかかったという。

親会社の潤沢な資金をバックに、MCA側がさまざまなアイデアを上申するたびに、返事は「ノー」「ノー」「ノー」。経営方針が決まっていない親会社は、答えが出せずにすべて「ちょっと待て」となったというのだ。

そのとき、米ロサンゼルスタイムズがデカデカと報じた記事の見出しを、私は今でもはっきりと覚えている。

「Japanese moneyman said no.」（日本の金持ちがダメと言った）

記事は、日本の会社はお金で買収するだけで、子会社のビジネス上のアイデアを生かしきれていないことを皮肉まじりに指摘していた。

松下電器による買収が、ソフト部門強化に乗り出していた前年のソニーによる買収劇に続いて行なわれ、日本の企業が戦略的な買収を本格化してきたということは想像に難くない。同じテープレコーダーという製品を売っている会社が映画ソフトというコンテンツを手に入れれば、ハードとソフト、風上から風下まで一気通貫でエンターテインメント部門をコントロールできる。その相乗効果は大いに期待できると考えたはずである。

松下電器にとって、経営に口を挟むＭＣＡは企業風土がまったく違う異物だったと思う。松下電器は九五年にＭＣＡを手放して、カナダの大手飲料メーカー、シーグラム社に売却することになる。

当時、私が担当パートナーを務めていたある日本企業による買収事案も、まったく同じ問題を抱えていた。

アメリカの会社を買収した日本の親会社側の人間として私は渡米し、この買収事案の仲介役をしていたアメリカ人のフィナンシャル・アドバイザーと食事の機会を持ったことがあった。彼は開口一番、尋ねてきた。

「あなたのところの親会社はこの会社をどうしようとしているのかな?」

私は正直に答えた。

「知らないね。多分、いま考えていると思うよ」

彼はにわかに理解できない様子で

「でも買ったんだろう?」

買われた側は、経営方針から人員まで一新されると思っている。それがいつになるのか固唾をのんで待ちかまえている。しかし、いつまで待っても動きがない。指示も来ない。ではいったいなぜ買収したのか?

買われた側は戸惑うばかりだった。

その意味で買う側に「大きな絵」は描けていたが、とりあえず「買うこと」が目的で、その後の運営方法や一気通貫のプロセスについては具体的なプランがなかった。だから、買った日本側から買われたアメリカ側に向けて出る言葉は

「あなた方は今まで優れた経営をされてきたのだから、当分の間はあなた方に任せます」だった。

買われた側は当然、「What ?」となる。

バブル期の買収の多くは失敗した。ジャパンマネーを注ぎ込んだ日本人的感覚の買収は、資金だけがあり、計算と方法論がなかった。日本におけるMBA(経営学修士)ブームの背景には、そんな国際ビジネス現場のお寒い状況が見てとれるのだ。

❖——トップに〝花を持たせる〟

別の例を挙げよう。

スイスで私が属するピート・マーウィック・ミッチェル会計士事務所（Peat, Marwick, Mitchell & Co 以下PMMと略記）の国際パートナーズ・トレーニングを開催していたときのことだった。ドイツの有名銀行から、日本のある会社に企業提携の申し入れがあった。パートナーズ・トレーニングに参加していた私は、急遽その会社の幹部とともに、ドイツの銀行のプレゼンテーションに出席することを求められた。

銀行側は二つの会社が提携することのシナジー（相乗）効果を力説した。日本側幹部が「ご提案の趣旨は了解しました。私は今回、別の案件で来ているため、今、申し入れに対する即答はできません」と答えると、銀行側は

「それは了解している。巨額の資金が動くため簡単にまとまるとも思っていない。ただ、この案件に興味があるかどうかだけの結論を先に聞かせてほしい。それにはいつまで待てばよろしいでしょうか？」と尋ねた。

日本側の答えは

「三カ月」

ドイツ側は

「ええっー?」と一様に驚いていた。

日本の会社では、下から上の判断を仰ぐのに、担当部会、常務会、取締役会と段階を踏んでいき、そこで決まればまだいいが、問い合わせなどで回答が持ち越されると、次の会合までさらに一カ月かかることになる。

決定までの手続きに手間暇がかかる事例には事欠かない。

ある買収案件では、最終的な金額まで詰めて握手するところまでこぎ着けた。日本側が「ただし、最後の承認を本社に確認する」と告げたので、外国側は「了解した」。

確認はせいぜい一日か、長くても二日と思っていたら一週間もかかった。待たされた外国側はそれだけ時間的損害を被ったとして、売り値は数百万ドル上がって日本側は大損することになった。

別の案件。外国企業の社長との交渉で、最終的な詰めの段階に入っていたときのことだった。高レベルの判断だったため、日本側のプロジェクトリーダーは「社長との最終交渉のために明日、当社で決定権のある者が来るので、そこで詰めてほしい」と申し入れ、その日は別れた。

これは、最終段階で決定権者に「花を持たせよう」という担当者の〝思いやり〟だった。だがその決定権者は、詰めの金額を聞いて(双方の提示金額の差は二〇~三〇億円単位だった)、「分かりました。あなたのおっしゃる値で行きましょう」と特段交渉することもなく、すんなりと結論を出してしまった。

契約の最終段階で私は参加した。分厚い契約書ができていた。私は日本側のスタッフに「多分、結果的にものすごく譲歩したのではないか？」と尋ねると、やはりその通りだった。

事務レベルでの交渉は、現場の詳細を熟知しているために、ギリギリまで双方との溝を埋めるハードネゴをする。しかしここからが極めて日本的で、最後の判断をトップにゆだねる。名誉や栄光をゆずって「トップを立てる」という配慮が働くわけである。

トップ同士の交渉となると、買収される側は構えてくる。対する買収する側の日本側トップは、格好をつけて交渉なしにサインしようとする。

これまでギリギリの交渉をしてきたのに、突然の態度豹変に相手側は混乱し、築き上げてきた信用の土台が揺らぐ。これまで合意してきたものまでもう一度最初からやり直すことになり、結果的には日本側が損をすることになる。

こうした事例は決して珍しいことではない。

❖――「医者」としてのアドバイザー

もちろん、外資系の会社でも不合理、非効率な決定プロセスはあるし、日本にも合理的、効率的プロセスはある。

まったく対照的なケースもあるので紹介しよう。

このケースでは一つの交渉事を効果的にまとめるために、私がどんなプロセスを経て作業を進めていくのかを具体的に述べてみたい。

ある日、二人の紳士が私に会いたいと私が所属する会計事務所を訪れた。私はまったくの初対面だった。

二人は環境関連会社（本社・大阪）の取締役で、創業者の子息とそのお目付役という感じの専務取締役だった。財団法人「関西生産性本部」の紹介で私の存在を知ったという。

二人の話では、その環境関連会社はドイツの環境機器メーカーの日本における総代理店を十年来やっていて、そのドイツの環境機器メーカーが米国テキサスの会社に買収され、日本の市場戦略を見直すことになった。

相手方の会社の提案してきた選択肢は三つ。今までの代理店契約を解約するか、合弁企業（ジョイント・ベンチャー）を作るか、一〇〇%の子会社を作って従業員をそのまま引き受けるか。

この提案は先方から六カ月前になされていて、来月が返答の期限という。相手は海外企業なので容易に判断が下せない。主導性を発揮できるかたちを取るためにはどのような結論を出せばいいかアドバイスがほしい、とのことだった。

「今まで五カ月は何をしてきたのですか?」と聞きたいところだったが、そこはビジネスだ。ぐっと言葉をのみ込んで、

「御社にとっては、どれを選択しても痛みを伴い、資金も必要でしょう。一から話を聞いて御社にとって一番よい結論を出しましょう」と快諾の意を伝えた。そして、求めに応じて一度その会社に赴くことになった。

会社を訪ねると、大きな会議室兼応接室のような場所に通され、一〇人ほどの紳士らが私と対峙するように座っていた。後で考えれば、それは私がアドバイザーとして依頼するに値するか否かの〝面接試験〟だったように思う。

そこで交わされた論点の一つは、「アドバイザーとは何か」だった。高い報酬を払って何の解決にもならなければ、お金をドブに捨てているようなものだ。なぜ今になって、第三者に手助けを求める必要があるのか、という素朴な疑問だった。それに対して私はおおよそ以下のように答えた。

「経営のトップは、非常時の状況、未経験の状況での決断を迫られる事態に遭遇します。失敗すれば批判にさらされます。正しい結論を出しても、二〇〇人の命を救うために一〇〇人を犠牲にしなければいけないこともあるし、その決断をしなければ一人の命すら救えない事態に至る可能性もあります。

究極の判断とその決断を下す覚悟を必要とするのが経営者の宿命です。有名な経営者が仏教に帰依したり、キリスト教の教えに従ったりするのは、個人の能力を超えた何かに自分の使命を預けたいからでしょう。その時に、アドバイザーが登場します。

私は御社の分野のビジネスには精通していません。しかし、皆さまより経験を積んでいる分野を持ち、問題の糸口を解く方法を知っています。病人に対する医者のようなものです。

痛い箇所がどこかは分かりません。それを知っているのは患者です。医者は症状から原因を分析し、自分の専門知識と経験を駆使して処方を患者に示します。患者はその医者を信じて、しかし最後の決断は自分の責任で実行し、回復するように努力するのです。

患者には医者の判断に寄与する情報の提供が求められます。私が示した方法が一〇〇%功を奏するとは限りません。

その方法によって、断崖で木の細い橋を何本か渡しはしますが、その橋と断崖との間には隙間があるかもしれません。その隙間をどれだけの馬力をつけて飛ぶかはマネジメントの力量です。それが経営者の冒すリスク、マネジメント・リスクと呼ばれるものです」

❖──報酬は単価掛ける時間

続けて私の「高い」とされる報酬について言及した。

「皆さんはソフトの値段をどのようにしてお決めになりますか？　稼働率はどのくらいか、管理費はどれくらいか、エンジニアの給料はいくらか、そして適正な利益はどれくらいか、と考えるのではないでしょうか。ひと昔前までコンピューターのソフトも同じように考えられ、今は必要ならばソフト一本に億単位の費用でも支払うでしょう。ソフトの値段はそういうものだと思います。

では私の報酬はいくらでしょう。今のご相談内容は、いくらでできますというお見積もりは申し上げられません。というのも御社と経営者の皆さまの考え方を理解し、問題を御社に有利な方法で解決する処方を見つけなければなりません。そして、その答えを持っておられるのも、最終解決の努力をされるのも御社自身なのです。

その前提で今申し上げられるのは、時間あたり高額の単価となるということだけです。報酬は単価掛ける時間で計算されます。タクシーのメーターと一緒ですから、待ち時間もメーターは動きます。上手なプロの使い方は、問題を明確にし、全体像の中から答えを出せるように情報を提供し、専門分野の情報・経験をすみやかに出させるということです。すると、単価は同じでも使用時間が少なくて済みます。

もっと単価の安いプロも私の事務所にはいます。他の事務所に行けば、さらに安い単価または一括報酬方式を取っているところもあると思います。ここからは皆さんが自己の責任と判断によってお決めください」

なんと生意気なことだろう。四十歳そこそこの若造が、会社を何十年にもわたって経営してきたベテランに向かって発する言葉である。

それだけを伝えると、面談は終わった。

翌日、会社から依頼する旨の連絡が来た。

❖――決定権を持つリーダーを決める

さぁ仕事だ。

まず質問に上ったのは、交渉相手に対する回答の仕方である。前述したように、先方からの申し入れは六カ月前にあった。期限は残り一カ月を切っている。これから分析を進めるには、最低でも二～三カ月は必要だ。相手にその時間の猶予を認めさせる必要がある。

既に五カ月強が無為に過ぎ去っている。それをどう先方に納得させるか。事実から逃げることはできない。無駄に時間を使ったのは事実だ。そして今、真剣にこの事業を継続するかやめるかの決断をしようとしており、それには時間が必要だということも事実だ。

私の最初のアドバイスは、先方に事実を伝えるということだった。事業についての検討には時間が必要であり、その検討なしにはどのような結論になろうとも確信を持って対応できないということを、私の言う3F「フランクに、フレンドリーに、そしてフェアに」相手に伝えることを助言した（この3Fについては後述する）。

「もしそれでダメだったら？」という質問には、「この真実を伝えてノーという相手であれば、この話は破談にすべきだ」と伝えた。

心の底から3Fを尽くして通じない相手であれば、これはビジネスのパートナーとしてふさわしくない、というのが私の考え方である。相手が一流ならば、この真実が伝わらないはずはない、と私は信じていた。

相手方からは、すぐに「OK」の返事が来た。

これから短時間で会社の自己分析をして相手と交渉しなければならない。私はこの会社が手がける事業の分野にはまったくの素人だ。どうするか。

創業者の御曹司に最初に進言したのは、この案件で決定権を持つリーダーを決めることだった。「船頭多くして船、山に上る」のようになるのが、日本の組織の通例だからだ（東日本大震災時の首相の対応を思い起こしてほしい。多くの専門家で多くの委員会、つまり誰も責任を取らない意思決定機関を作り、時間が最も大切な〝準戦時体制〟で時間を無駄に費やしたのだ）。

実は御曹司自身、日本生産性本部でコンサルタントの資格を持っている経営者だった。当時コンサルタントの資格を持つ経営者は珍しく、私の進言の必要性を即座に理解し、行動に移してくれた。これは創業者一族の御曹司であり、次期社長であることが明確だからできたことでもある。

❖──レベルをそろえた情報をタイミングよく

会社の人に集まってもらい、第一回会議を開いた。場所は社長室、社長席には私が座り、会議の進行は私が行なった。私の左側にはプロジェクト責任者の御曹司。その他、製造責任者、営業責任者、研究責任者をはじめ、この事業の主たるメンバーがそろった。本当の社長は完全にオブザーバーだった。

第一回会議に当たり、社長から「この案件についての全責任は御曹司にある」と宣言してもらって、メンバー全員がその認識を共有した。次に御曹司が、自分がリーダーを務めること、今までの当該事業の総括、自社の置かれた状況、アドバイザー契約を私としたことなどを伝えた。

私は会議における私の役割を説明し、プロジェクトの今後の運営方針を次のように説明した。

「このメンバー全体で危機感、使命感を共有するということが重要です。大切なのは、アドバイザーに頼らないことです。自分の弱点を知っているのも、回復する力があるのも自分なのだということを認識してほしい。自分の持っているものを遠慮せずに、制約を入れずに考え、検討することから始めましょう。このプロジェクトで決めることは、自分たちの将来をも決めるのだということを認識して頑張りましょう」

さて、何をするのか。課題を列挙した。

①市場でわが社の製品はなぜ受け入れられているのか。
②競争相手は誰か。そしてなぜその製品は市場に受け入れられているのか。
③わが社の製品と、競争相手の製品との差は何か。
④製品の強み、弱みは何か。
⑤製造部としては何を市場に提供できるか。
④研究部は市場が欲している物をどのように開発できるのか。
⑤供給元の製品開発、技術協力は十分か。
⑥経営陣はこの事業をなぜ進めるのか。

以上を一週間後の第二回会議までまとめるように言い渡した。

情報はレベルをそろえ、タイミングよく集まらなければ意味がない。精緻な情報は有用であっても、時間的に遅れれば意思決定には役立たない。第一段階、第二段階と意思決定レベルが上がるほどに精緻な情報が必要なのであって、最初から情報の精度が高ければよいというものではない。

最後に時間の大切さを強調した。まずアドバイザーの時間単価は非常に高い。そして、今の一万円と一年後の一万円では価値が違う。時間が遅れればそれだけ価値は下がっていくことを頭に入れて行動してほしいと念を押した。

❖──意思決定のプロセスを一元化する

一週間後、第二回目の全体会議が行なわれた。パートごとに与えられた命題をそれぞれがまとめて発表していく。私はもとからこの事業に関しては何の知識も持ち合わせていない。発表を聞いて、他の部署の人間の批判を聞くだけだ。

最初に私が皆に言い渡したことが功を奏したのか、真剣で歯に衣着せぬ批判意見が続出した。ただ、議論が白熱してくると、細かいところへどんどん話が入り込んでいく。普段は顔を合わせない異なる部署の人間が共通の問題で意見を交換するのだから、論点は時にあらぬ方向へ流れ、責任のなすりつけ合いも始まる。

議論には必ず本筋のラインがあり、その線を外れると、その時点での議論が誤った方向に向かうのが常だった。私の役目は、常に議論の方向を見定めて、それをどこに持って行くか、次の課題は何かを軌道修正する舵取り役である。

こうして何度かの会議を持った後、ある日、私の携帯が鳴った。

「実は今度の土曜日に緊急の取締役会を開催するので出席してほしい」

出席してみると、提携関係を申し入れている相手の親会社の社長が来日し、最初の交渉をしたいとの申し出があったという。

二日後の月曜日に、神戸にある相手の日本支社に交渉に行く、それに際して会社としての全権を御曹司に委任する、その条件として私が一緒に行く、ということになった。

意思決定のプロセスとしては、一元化しているのが好ましいことは言うまでもない。何度かのプロジェクト会議を通して、一カ月前とは判断するための情報量が格段に違っていた。マネジメントは当該事業の意義を考え、営業は自社製品と競争相手の製品を比較分析し、なぜ市場で優位性を保てるのかという分析はできていた。

取締役会でプロジェクトの情報を共有し、そのうえでの御曹司の結論であることは言うまでもない。任せるほうも十分の情報を持ち、あとはいかに優位に条件を交渉するかということだ。

司令塔が一つだから、正しい判断をすれば即断で決定できるわがほうが優位なことは間違いない。

❖──さぁ交渉の開始だ

さて当日、御曹司と私は朝の九時、会社のセンチュリーに乗って神戸に向かった。相手は、本社からCEO（最高経営責任者）と財務、及びM&A担当の役員、そして日本語のできる日本支社長の四人。こちらは御曹司と私の二人。大した打ち合わせはしていないが、御曹司と私はお互いの考え、思考方法を知り尽くしていた。

支社の窓際の大会議室で向かい合ったが、相手は四人で、こちらは二人。今思い出すと、相手側は明かりを背にして座るパワーシート側に座ったと考えられる。交渉相手からこちらの顔はよく見えるが、こちらから相手の顔は日陰になって読みづらい。

さぁ開始である。

自己紹介もそこそこに内容を確認する。御曹司は、既に事業継続の意義を熟慮したうえで臨んでいる。そして共同して事業を行なうことは決まっているし、その理論的根拠も明確に自覚している。後はいくつかの条件をいかに当方に有利なように合意するかという交渉のプロセスに関わる。

いくつかの条件交渉と内容確認の後、御曹司がある技術に関する情報についての公開を求めた。その情報は相手側にとっては経営の肝に当たる部分であり、どう反応するかを伺った。相手のCEOの反応は非常に早かった。即座に
「そこはわれわれの基本部分であって、いくらパートナーになる相手であっても公開はできない。もしそこにこだわるのであれば、この交渉はないことにしよう」

クリアーに、そして覚悟を持っての言葉である。

私は御曹司の顔を見た。私がその旨を伝えると、御曹司は「そうですか」と一言。「それでは、それには固執しませんので、次の問題に行きましょう」

❖――ハードネゴとソフトネゴ

このプロセスの意味するところは何か。すなわち、ハードネゴシエーションとソフトネゴシエーションとに分けて交渉を進めているということである。

CEOにとって自己の権益を守る最大の武器は技術力であることは明白であり、それを簡単には開示するわけにはいかない。だから、即座に拒否の反応が出た。すなわちこれは簡単には譲れないハードネゴ項目だった。

一方、御曹司にとって、日本の市場で戦うためには技術の真髄を知っていたほうが好ましいが、多分開示は拒否されるだろうと想定していた。つまりは妥協可能なソフトネゴ項目だった。

交渉は難しい。しかも日本人対外国人（アメリカ及びドイツ人だった）との駆け引きである。背景となる社会も文化も違う。御曹司もそこはしっかりと理解して交渉を進める。相手も交渉が理論的で合理的であれば、自分が少し不利になっても歯止めをかけながらも条件を緩めてくる。

すぐにアメリカの本社に勤める法務部門の責任者に検討させ、折り返しファクスが会談中に戻ってくるという対応のすばやさだった。

最後は、契約書の正文を日本語、複文を英語、そして紛争解決の主たる裁判所を日本の大阪の裁判所にすることをこちらが提案した。それまでの交渉で私たちを信用してくれたのか、いとも簡単に合意してくれた。

昼食もはさんでの七時間の交渉は無事終了した。私たちは弁護士と検討して未解決項目に関するコメントを相手側のホテルにファクスすることを約束して、相手の支社を辞した。

帰る途中、この案件に関する弁護士の事務所に寄り、契約書の検討と私たちが未決とした事項の対応策を検討して、私の事務所に戻った。問題点を第一回交渉のまとめとしてお互いの理解に齟齬がないよう英文にして、彼らのホテル宛にファクスする旨の電話を入れた後、送信した。これで今日一日の仕事は終了だ。

事務所を出たのは午後十一時ごろになっていた。御曹司と私は、お互いの顔を見合わせて一言。

「面白い一日でしたね」

❖――合理性の決定に関わる文化差

この交渉がうまくいった要因は、一つは交渉主体が中小企業のオーナー会社で、責任と権限が一人に集中できたこと、そしてその一人がビジネス現場において合理的思考ができる人物だったことだろう。

日米で異なるのは、まずこの責任と権限のあり方だ。アメリカの組織は最初からそれぞれのポジションで責任と権限を明確にしているため、それぞれが自分の責任でどこまで決定できるかを理解している。

これに対して日本では自分で判断できる権限が明確でないため、必ず上司にお伺いを立てることになる。この違いが交渉のスピードに直接響いてくる。スピードは交渉事にとっては成否を分かつ重要な要素だ。これは両者の組織上の相違ではなく、文化の違いである。

合併・買収交渉に際する応じ方にも、その差異は明確に現れる。企業文化の違いが課題ならば、アメリカの場合、

（1）自社の企業文化の客観的把握
（2）相手企業の企業文化の把握と検証
（3）合併の方針設定と課題
（4）相手企業の条件検討

といったプロセスを一つひとつ積み上げていく。当然、そこには時間と費用がかかる。

これに対して日本は、そうした地道な積み上げを飛ばしてとりあえず買収し、そこから課題に

取り組み、解決できない場合は撤退する。この章の冒頭で、そうした事例を紹介した。

ところが、M&Aの実際は、オール・オア・ナッシングではない。合併・買収への道筋は一本ではなく、さまざまに枝分かれしながらゴールにたどりつく。今進んでいる道が行き止まりでも、別の道からゴールに行ける場合があるのだ。

もしAという道がダメでも、Aが枝分かれしたところにまで立ち戻って、次のBの選択肢に進む。課題に対して一つひとつ積み上げていくプロセスを経ている場合は、これができる。しかし、その地道な作業を経ていない場合は、Aという道がダメと分かると、最初のスタート地点にまでさかのぼってゼロから立ち上げることになる。

もちろん、課題に対して一つひとつ積み上げていくには膨大な手間暇がかかる。しかし結局、最初に時間と費用がかかっても、地道な作業を進めていた方が「合理的」「効率的」なのである。この合理性の徹底に関して文化差が表れる。

例えば、あるプロジェクトチームを立ち上げて、その傘下の営業、技術、人事などの各部門から情報を集めて次のステップをどうするかを判断する局面があったとする。ところが、こういった場合、日本ではなかなか情報が上がってこない。催促すると、「まだ十分できていない」という答えが返ってくる。

やっと上がってきた報告書を見ると、非常に精緻な情報となっている。しかし、この段階で求められているのは情報の精緻さではない。拙速でも全体状況が俯瞰できるような分野ごとの大まかな情報だ。

精緻さは全体状況を把握して、次のステップに進んでから追求するべきだ。このミスによって結局、スキーム全体に遅れが生じる。そして、時間の遅れは時にビジネスの致命傷となる。

もちろん、国際化の進展は日本の企業文化を徐々にでも変えつつあるし、また積極的に変わろうとしている企業もある。英語を社内公用語にしようという会社も出てきた。国際化に対する一種の適応である。

しかし、変化にはプロセスと手順が大切だ。相手の文化を理解すると同時に、自分の文化も知らなければ、〝対症療法〟で終わり、〝根本治療〟とはならない。

次章でその文化の実際を見よう。

第二章　パワーの国アメリカ

日本が国際社会を生きていくなかで、競争というプロセスを避けて通ることはできない。競争に勝つためにはパワーが必要となる。海外におけるビジネスで、私はアメリカが見せるむき出しのパワーを肌で実感した。最近、世界経済におけるアメリカの凋落が指摘されるが、アメリカの風土に根ざすパワーへの志向はやすやすとは衰えないだろう。日本でも顕在化する格差の問題を考えるためにも、そのパワーの現実を見る。

❖──まずトップに話を通せ

一九七〇年代後半に、私は「ビッグエイト」と呼ばれた世界八大会計事務所であるアメリカのピート・マーウィック・ミッチェル会計士事務所（ＰＭＭ）のニューヨーク事務所で米国流の監査手法を実地で学んでいた。

ＰＭＭはその後、ヨーロッパの大手事務所（ＫＭＧ）と合併し、現在はＫＰＭＧとなって世界四大会計事務所の一角を占めている。

アメリカは富と権力が圧倒的なパワーを持つ競争社会である。私の四十年にわたる国際経験のなかで、アメリカにおける「パワーとはこういうものか」と実感したエピソードから紹介しよう。

私は仕事上、あるアメリカ人と時を経て都合三回会うことになるが、会うたびに私と相手の相対的地位の上下に従って、相手の態度は激変することになるのである。

まず、一九七八年から八〇年、ニューヨークに赴任中のことだ。私は赴任前に大阪である大手メーカーの監査を担当していた。

そのためニューヨーク在任中、アメリカにあるそのメーカーの子会社の総本社を訪問したい旨、所属するＰＭＭのニューヨーク事務所にお願いをした。ところが、その総本社はハドソン川を挟んで隣のニュージャージー州ニューアークにあり、ＰＭＭニューアーク事務所の管轄だった。

ニューヨーク事務所の人事担当部署は「厄介なことを言ってきたな」という感じでなかなか連絡をしてくれない。これはアメリカらしい対応である。

というのも、アメリカでは自分の権限の範囲内ならば気軽に動いてくれるが、他者のテリトリーにずかずかと入ることは基本的にタブーである。同じＰＭＭでも、管轄の異なるニューアーク事務所への依頼は「厄介ごと」だったのだ。

まだ新米だった私は、先輩パートナーに相談してみた。彼のアドバイスが、これまたアメリカ的だった。

「下からものごとを運ぶから動かないんだよ。その総本社のクライアント・パートナーに直接頼んでみたら？　事務方は上司に根回しをすることは嫌がるけど、トップの命令には逆らわないし、それを根にも持たないからね」

なるほど、そういうものかと、先輩の助言通りにすると、今までの手間と時間がウソのように、即座に連絡がついた。

まずトップに話を通せ。

私がこの一件から得た教訓だった。

ところで、電子メールの送信先のヘッダに「CC」という表記があることはご存じだと思う。CCとは「カーボン・コピー」の略で「複写」を意味する。つまりこの手紙（または連絡文章）は、「CCのところにも行っていますよ」ということを示している。これがビジネス上、どのような意味を持っているかを教えてくれたのも、この先輩の言葉だった。

例えば、アメリカやイギリスなど英米系のビジネススタイルが通じるところに共通する傾向として、ある案件を依頼するビジネスレターで、このCCを付けずに送っても、依頼先の人間にとってよほど重要な案件でない限り、後回しにされるのが常である。

ところが、このCCに依頼先の上司に当たる人間の名前を入れると効果抜群、すぐに返ってくるのである。というのも、この場合のCCは、こちらの依頼内容をその上司も知っており、依頼した私がその上司にとって大切な人間かもしれないということを意味するからだ（一度試してみると、その効果のほどが分かると思う。ただし、CCの相手に使用の了解を得ることを忘れないように）。

❖——監査サービスの編成

前節で「クライアント・パートナー」という業界用語が出てきた。ここで少し今後の便宜のために、監査関与先（クライアント）とそのサービスチームの編成を説明しておこう。

現在の監査法人の仕事分担は、大きく四つに区分できる。

（1）「アシスタント・スタッフ」（監査補助者）……計算調べや棚卸《たなおろし》の立会いなど現場での「力仕事」を担う。

（2）「シニア」（監査現場責任者）……現場でのスタッフ管理やアシスタントが作成した監査調書のレビュー、主要勘定科目の監査を行なう。

（3）「マネジャー」（監査現場統括者）……監査計画の立案、シニアスタッフ作成の監査調書のチェック、監査結果の要約などを行なう。
（4）「パートナー」（監査責任者）……監査全体の総責任者。監査結果が適切か不適切かを最終的に決定する。

（1）から（4）にいくに従って役割と責任は重くなる。
パートナーは監査法人の共同出資者であり、感覚的には共同経営者に近く、一般企業の取締役を想像してもらえればいい。

私たちが公認会計士として働き始めたころは、クライアントに対して自分たちの提供できるサービス（監査・税務・マネジメントサービス）をトータルで提供することを目指していた。

そのために担当パートナーといっても、一つのクライアントに、監査、税務、そしてマネジメント・サービスのパートナーと、最低三人のパートナーがそれぞれの責任権限においてサービスを提供していた。

ときには、サービス内容によっては、顧客であるクライアントと各サービスライン担当パートナーとの間の調整役が必要になってくる。その際に調整役として出てくるのが、「クライアント・パートナー」なのである。

その結果、彼は他の三人のパートナーより上位のパートナーがなるのが常である。つまり、クライアント・パートナーは総本社を総括して面倒を見ているため、相当の権限を持っていることになる。

❖――初回の顔合わせ

さて、私がニューヨークで連絡を取ったのは、前述の大手メーカーの現地総本社を顧客とするクライアント・パートナーで、彼はすぐに監査担当のボブに連絡を取ってくれた。すると、監査担当パートナーのボブは、こちらの依頼をすぐに請け負ってくれた。

私はオンボロ自家用車で、ニューヨークからマジソンスクエア・ガーデン近くのトンネルを抜けて、ニューアーク事務所に向かった。

ボブは、私より十歳ほど年長の、事務所でも古株のパートナーである。毛髪は滅びゆく草原状態で身長一八〇センチ、アメリカ人としては標準でも、一七〇センチの私からすると大男である。アメリカ人らしいおおらかさと同時に頑固者という印象を受けるパートナーだった。

私は総本社の親会社の監査を担当していたとはいえ、弱冠三十二歳の「シニア」で現場担当責任者レベルだった。担当パートナーの地位は、まるで係長と取締役ほどの開きがある。しかし、ボブは直接、総本社まで同行して、その後のディナーにも付き合ってくれた。

このときのボブの心づもりを推し量ると、日本の親会社の現場責任者を、アメリカの総本社の担当者に合わせることは、自分がいかに日本の本社と緊密に連絡を取っているかをアピールする絶好の機会になる、そう踏んだのだろう。

これが、ボブとの第一回目の顔合わせだった。

❖——千人参加のゴルフプレー

その次にボブに会ったのは、マイアミで開かれたPMMの全米パートナー会議に、海外からのゲストとして出席した時のことだった。

このパートナー会議を日本ではイメージしにくいと思う。やはりアメリカのパワーを象徴するケタ違いのイベントなので、少し紹介しておこう。

この会議には、全米から二〇〇〇〜三〇〇〇人いるPMMのアメリカ事務所のパートナーが集まる。招待されている各国からのパートナーも一〇〇人を超えていただろう。総勢三〇〇〇人を超える大規模な会議である。

会議は、一週間ほどマイアミの高級リゾートホテル「マリオット・ホテル」を借り切って、各パート（事業）に分かれて毎日開催される。基本的には、アメリカのパートナーは出席を求められ、トップの年次報告と経営戦略が報告される。

印象に残った場面がいくつかあった。

この会議中、マイクロソフトCEOのビル・ゲイツが、PMMのチェアマンと対談するという企画が開催された。その日は、朝から会場の警備が厳しくなっているので「何かあるな」とは思っていたが、当日までプログラムは秘密だった。

ビル・ゲイツはヘリコプターでマイアミ空港からホテルへ直行し、対談が終わり次第、再びヘリコプターで空港へ向かった。ものものしい雰囲気とともに、あわただしさが際立ったものだった。さすが世界一のお金持ち、壮大なスケールでイベントが進行した。

最終日に持たれたレクリエーションには、イベント参加者の多くがゴルフを楽しんだ。一〇〇〇人からのプレーヤーがどのようにしてプレーをするのかを想像してほしい。四つのゴルフ場を借り切って、一八ホールの四倍の七二ホール。その各ホールに四組ずつ、計算上は一一五二人がいっせいにスタートする。いわゆるショットガン方式のプレーだ。

これはなかなか壮観ではあるが、当然、ベテランもいれば下手くそもいる。朝の八時にスタートして夕暮れになっても終了できない組もあった。

最終日の締めには晩餐会が開かれた。三〇〇〇人からの男女が集まるのだが、男性は全員タキシード、女性はイヴニングドレス。

ゲストスピーカーが、後にブッシュ政権時の国務長官を務めるパウエル将軍だった。当時は米軍トップの統合参謀本部議長の職を辞して浪人中だった。

こうした会議を持つ組織力、経済力にも目を見張ったが、アメリカのエスタブリッシュメント界の途方もないスケールにも圧倒された。

❖——何が起こった？

さて、当時の私は二年間のニューヨーク勤務を終えて帰国した数年後、ＰＭＭの大阪事務所で大手メーカーのエンゲージメント・パートナーになっていた。エンゲージメント・パートナーは、現在の日本では「指定社員」と呼ばれているが、いわば「契約ごとの監査顧問先担当社員」である。

全米のマイアミのパートナーズ・ミーティングにゲストとして招待されて渡米した私は、その途中、ボブに電話した。

「ニューヨークに寄るので、ぜひ会いたい」と告げると、ボブは

「明日、宿泊しているホテルにリムジンを差し向けるから、それに乗って事務所に来てほしい。一緒にランチを取ってから総本社に行こう」と即答してくれた。

翌朝、キャデラックのストレッチ・リムジンがホテル前に迎えに来た。運転席には黒服に身をかためた黒人運転手。映画にでも出てきそうなリッチな雰囲気だった。

ハリウッド俳優の気分を少しだけ味わいながらニューアーク事務所に着くと、ニューアーク事

務所のトップの事務所長のところに連れて行かれ、三人で由緒正しきカントリークラブ（ゴルフ場）の会員制レストランで昼食を取った。

　ボブが運転する車で出向いた総本社で、副社長との会談や実務上の打ち合わせを終え、夜は総本社側が用意したディナーで副社長ら数人がＰＭＭの私たちを歓待してくれた。

　さて、帰りのことである。

　ボブは自分の車で私をニューヨークのセントラルパーク近くのホテルまで送ってくれる、と言う。彼の自宅はニューアークにあるため、当然かなりの遠回りとなる。恐縮しつつホテルに到着すると、ボブはいち早く車を降りて、私をホテルのドアまで丁重に送ってくれるのである。

　これには驚いた。「グッドナイト！」と別れを告げて、むしろ私のほうがボブの車を見送るのが当然だと思っていたからだ。

　いったい何が起こったというのか？

　変わったのは唯一、私の地位だった。私はボブと同じパートナーの身分だった。といっても、彼はニューアーク事務所の上席パートナーで、私はなりたてのパートナーだから、そこには歴然たる差はある。

　しかし、それよりも大きかったのは、私がボブの担当する会社の親会社の担当パートナーだったことだった。キャリアや事務所内の地位よりも、顧客先の関係が二人の関係を決定するということである。ここには、アメリカにおける職業会計人の仕事の本質がはっきりと表れている。

監査人は組織的にはもちろん事務所に属してはいるが、クライアントへのサービスによって報酬を得ている。監査人が顔を向けているのは、常にクライアントなのである。

❖──これぞアメリカだ

私が担当する大手メーカーは九〇年代初め、アメリカの企業を買収した。三回目にボブに会ったのは、その最中だった。

買収された会社の監査を担当していたのは、PMMの競争相手、「プライス・ウォーターハウス（PW）」だった。アメリカでは買収して子会社にした場合、その親会社の担当監査人がその子会社を監査するのが常識である。

ところが今回、買収する側が日本の企業だ。PMMのアメリカチームは、日米を股にかけた大仕事だけに、期待と不安、そして緊張が交錯した状態にあった。私たちPMMは日米でチームを作って、円滑な買収手続きと業務引き継ぎができるよう、毎日のようにニューヨーク事務所と連絡を取り合った。

買収が無事終わった後、私は渡米することになった。会計の専門家と会って、PMMのM&A担当と監査の引き継ぎをするためだった。

私はさっそくボブに電話した。
「ボブ。久しぶりに会いたいのだが、あまり時間がないので……」と告げると、即座に
「もちろん。あなたは忙しいだろうから、私がニューヨーク事務所に出向くよ」という答えが返ってきた。
事務所で情報交換した後、ボブから
「ところで忙しいとは思うけど、もし今晩、時間が空いているなら食事をしないか?」と誘われた。既に先約があることを伝えると、彼は
「もちろん、大丈夫。あなたは忙しいだろうから」と言ってニューアークへ帰っていった。
突然の誘いのため断ってしまったが、彼は私のために時間を空けてくれていた。これは自分にとって価値を認めた人に対して取る態度だということを私は後で知った。自分の時間を空けておいて、相手に最大限時間を融通することが最大の敬意の表現なのだ。
では、ボブは私にどんな価値を見出したのだろうか?
日本の大手メーカーがアメリカの大手企業を買収し、買収された会社がPMMのクライアントになった。それは、アメリカのPMM事務所にとって、失敗の許されない重要な案件だった。その大プロジェクトに、私は買収側の担当パートナーとしてかかわっていたのである。
一回目は、私がシニア時代に上席パートナーだったボブに会いに行った。二回目は、私が彼と

同じパートナーという地位に付いた後に会いに行った。三回目は、私の担当会社がアメリカの有名会社を買収し、その有名会社がＰＭＭのクライアントになる時期に会いに行った。

三回とも登場人物は私とボブだ。私とボブは何も変わっていない。変わったのは、私の身分、それに伴う二人の関係だけだった。しかし、そのたびごとのボブの態度のあからさまな変化には驚かされた。日本のビジネスの現場では、あまり考えられないことではないだろうか。

私はまた、これぞアメリカだと思わされた。力の源泉である富や権力の有無によって待遇にも人間関係にも天地の開きが出る。それは私の中身とは関係がない。アメリカで文句なしにモノを言うのはパワーなのである。

❖――トップを見ればレベルが分かる

アメリカでは「その会社の程度はトップを見れば分かる」といわれる。というのも、トップより有能な人材は部下にはいないからだ。なぜか。

できる人材のほうがトップになるからだ。あるいは、トップよりできる人材は、トップに嫌われて追い出されるから。だから結果的にトップがその会社のレベルを体現していることになる。これはアメリカ社会を象徴するあり方といってもいいだろう。

私がアメリカにいた一九七八年のことだった。フォード社の社長として史上最高の売り上げを二年連続達成したリー・アイアコッカが突然解雇された。絶対的権力者だった会長のヘンリー・フォード二世に嫌われたから、とのことだった。経済界は上を下への大騒ぎになった。

経済専門紙ウォール・ストリート・ジャーナルを見ると、一面にアイアコッカを中央にずらっと顔写真が並んでいた。みんなフォード社の副社長クラスだった。彼らも同時にフォード社を辞めていた。

当時、私は日本の精密機器会社のアメリカ子会社の監査の現場責任者をしていた。その会社の副社長は日本人ながら会社の現地化を促進するためにアメリカに帰化したのだが、彼にこの解雇騒動について尋ねた。

「これはいったいどういうことなんでしょう？」

「アイアコッカがいくら有能でも、一人で何かをできるわけではない。だから自分の子飼いのチームごとゴソッと動くんだ」

「といっても、彼らはこれからどうやって食べていくんでしょうね？」

「アイアコッカが、すべて生活の面倒を見るはずだよ」

アイアコッカはまもなくライバル会社のクライスラーの社長に迎えられ、劇的な事業再生を果たして「産業界の英雄」と呼ばれるようになる。本人は否定しているが、大統領選出馬のうわささえあった。

フォード二世は、自分よりも有能で人望のあったアイアコッカが煙たかったのだろう。アメリカ人の上下関係はドライなようで、一方でウエットだ。上司はいつ自分が引き落とされるか分からないため、こまめに部下の面倒を見るし、逆に部下はこの上司に付いていって有利かどうかを冷徹に計算する。

ドラスティックな人事異動も、生き馬の目を抜く競争社会アメリカの側面だ。

❖──キャリアをみがく

だから、ビジネスの現場にいる彼らは、自分の能力を磨くことを常に怠らない。

日本では大学が「最高学府」と呼ばれるが、アメリカでは大学を卒業しても、学部学生、〝アンダー〟グラデュエイトである。大学で教えるのは、あくまで一般教養にすぎず、専門的な知識は、会計大学院や法科大学院などの大学院（グラデュエイト・スクール）で学ばなければいけない。それらでは一科目が半年で完結する「セメスター制」をとっている。

日本では、企業がいわばこの大学院の役割を果たしてきたともいえるが、アメリカでは自ら大学院に通って自分の能力と価値を高めていかなければならない。だから、四十歳になっても五十歳になっても、彼らは自発的に大学院に通うのである。

そうやって新たな資格を取得すれば、これまでのキャリアと資格を売り込んで、キャリアを積んでいく。あるいはヘッドハンティングの声がかかった場合、そうした資格とキャリアを売りものにする。

私がいたPMMのニューヨーク事務所でも、年季の入った経理のおばちゃんが、ニューヨーク大学で会計を学んでいた。そして賃金の向上とキャリアを求めて転職していく。あるいは、気候や環境の良さを求めるジョブ・ホッピング（転職）もある。

ということは、彼らは自分に何ができるか、何に向いているかを常に考えていることを意味する。同時に、自分のことを目的に向けて上がっていく現在進行形、進歩途上の人間として位置づけているということだろう。

アメリカでは何もしなければ置いていかれるだけだ。自分から能動的に動かなければ、チャンスはない。だから自己主張も激しい。上に立つ者は、見ていて見込みがある者にはチャンスを与える。敵もバサバサ切るが、味方も切る。失敗すれば、自分自身も遠慮なく切られるからだ。

そうした実力がものをいう勝負が世界のスタンダードになっていこうとしている。

❖──指導者の責任と倫理

一九八七年、PMMが欧州のKMGと合併してKPMGとなった後、私はボブをこれまでの監査担当から外す人事を行なう立場となった。

ＫＰＭＧのセグメント別の世界戦略を検討するステアリング・コミッティ（運営委員会）に入った私は、トータルサービスで、より専門性を発揮できるメンバーでスタッフを固めようと、過去のしがらみにとらわれることのない人事を断行することにしたのだ。

もちろん、アメリカでも事務所の古株で影響力もあったパートナーの担当換えをすることは簡単ではなかった。私はニューヨーク事務所の所長にその理由を問いただされ、後任の面接を請け負った。

この人事はある意味では、非常に政治性の強いものだった。それまでのサービスライン（監査・税務・マネジメント・コンサルティング）から、セグメント別（製造・金融・運輸ハイテク等）のトータルサービスをクライアントに提供するという、いわばアメリカにおけるサービス提供体制の変更途上の出来事だった。

同時にそれはＫＰＭＧワールドの変化の中でのパワーゲームであった。私はそのパワーゲームのど真ん中にいて、自分がパワーを行使していることを実感した。

私はこの人事で確かに敵をつくったかもしれない。しかし同時に味方もつくることができた。監査人が顔を向けているのは、常にクライアントである。クライアントのためだと判断していったん決定したことは、何が何でも通さなければいけない。それが指導する立場にある者の責任であり、倫理だと思う。

一度決めたことを翻したり中途半端に進めたりすれば、その時点で周りの信用を一挙に失ってしまうだろう。

今ならもっと穏便なやり方もあったのかもしれないが、少なくとも当時の私には最も正しいと思えた選択だった。

❖──個人の力と国の力

国際社会の力関係はまさにこうしたパワーゲームだ。それは個人がそれぞれにパワーを持っているということでもある。個人のパワーが国のパワーに結びついている。

日本が経済的に繁栄しているころ、大げさに言えば日本は国際社会で何をやっても許された。日本の会計システム、財務報告制度は海外から見ると恣意性が多いように批判されてきたが、それでも問題にならなかったのは背後に世界第二位の経済力を抱えていたからだった。

逆にいえば、経済的パワーを失ったとき、日本の流儀はなんの国際性も持たないということである。現に今、日本が国際社会で何を言っても相手にしてもらえないのは、日本の経済力が格段に落ちたからであり、リーダーシップの欠如ゆえのことだ。

私の属した事務所の後輩で、非常に有能な日本人の同僚がいた。大学の野球部ではピッチャー、四番。それでいて大学時代に公認会計士試験に合格してＰＭＭに入った。

彼はいわば日本を武器にしてアメリカで業績を伸ばし、社内の国際エグゼクティブ・オフィスのメンバーに入るところまで上り詰めた。

「日本を武器にする」とは、つまり日本の企業が積極的に海外展開していた時代、日本語でやっていける日本人だけの監査チームを売りものにして、どんどん有名クライアントを獲得していったのだ。監査のなかで差別化を実現したともいえる。

ほかが内外の混合監査チームでやっているところに、日本語だけで通じる監査チームを編成すれば、海外に進出する日本の企業からは当然重宝される。日本人の苦手な部分を逆手にとって、監査法人の個性とウリにしたわけだ。

いくら日本企業が多くなったとはいえ、その時代に日本人だけで監査チームをつくることを考えて実行に移したのは彼だけだった。彼は国際的な舞台で元気に活躍する稀有な日本人だった。しかし、その勢いは日本の経済力を借りたものでもあった。バックに付いた日本の企業の発言力を基礎に、世界のナンバー2にまで躍り出た日本の経済とともに、彼自身も上り坂を上がっていったのだ。

❖――MBAは必要か

一九八〇年代から日本では職場の給与体系が、従来の年功序列から職能給へと移行していった。

ちょうど私がアメリカから帰国したころだった。

私流にまとめれば、職能給とは「できる人は一人で上がる」システムであり、年功序列は「できる人は引き下げ、できない人は引き上げて全体としてまとめて引き上げる」という制度である。一般的には、その思想の違いを「個人主義」と「集団主義」といった言葉で表現してきた。

職能給のシステムでは個人の力が最優先されるため、できる人はどこまでも出世し、できない人は落伍者となる。となると当然、組織の力が分散される。分散されると効率が落ちる。

そこで分散した力をまとめるために生み出されたのが、アメリカ流のＭＢＡ、つまり企業経営の効率化を進めるために管理技術を教える高等教育コースである。

日本は今、このＭＢＡばやりである。文部科学省は二〇〇三年、企業経営や会計、法務などの実務家を養成する「専門職大学院」の制度を作り、欧米のＭＢＡに近い「経営学修士号」の学位発行を認めるようになった。大学側も唯々諾々とその方針に乗っている格好だ。

アメリカのような多国籍の人種が自己を主張し合う国では、効率的経営のためにＭＢＡのような管理技術が必要になるのは分かる。しかし、識字率がほぼ一〇〇％、「阿吽の呼吸」で相互のコミュニケーションが図れる日本で、ＭＢＡはどこまで必要とされるのか疑問である。

日米ではニーズも労働市場も違う。人事管理の仕方も違う。アメリカにもあるから日本にも導入するという発想だけで、組織管理の全体像を何も描けていないのではないだろうか。逆にいえば、日本の文化や風土にあった日本流ＭＢＡこそが求められるといってもいいだろう。

❖──結果平等主義の誤り

上を目指し、それが努力次第で実現する社会は、同時に「格差を認める社会」でもある。人間の能力に差があるのは誰もが認めるべき事実だろう。その能力の差を結果の差として表し、ビジネスに結びつけているのがアメリカだといえる。

しかし、それはそのまま無情なパワーゲームを意味するわけではない。機会は平等に与え、優れた能力を結果に結びつけた勝者はより多くのものを手にすることができる。すなわち格差が活力を生み、競争が成長の原動力になっているのだ。

能力に差があって、結果が平等ならば、やってもやらなくても同じになり、行為へのモチベーションは失われる。社会主義国家の破綻は、ここに最大の原因があったと私は思う。

一方、日本の戦後教育は、学歴社会への反動から競争を否定する考え方を植え付けてきた。「平等」という概念を「結果平等」としてのみ狭く捉え、「序列は差別につながる」として、徒競走の順位付けや学級委員長まで廃止する学校さえ現れた。

「人は生まれながらにして平等」というが、問題は「何が平等なのか」である。一人ひとりに個性があるように、一人ひとりの能力にも差があって当たり前である。

建前としては平等を謳って、実際は個々の能力を発揮する機会を奪い、結果的には社会的な格差を生んでいる。現在、日本が活力を失っている一因は、この誤った「結果平等の思想」にあるように思う。

他者志向、世間重視の姿勢が浸透する日本では、弱肉強食の競争社会は、あまりにも酷薄に映るかもしれない。拒否反応を起こす人々も少なくないだろう。日本で生まれ育った私にも、その感覚はよく分かる。

日本が国際化に適していないといわれるのは、いくら市場原理を導入しようが、アメリカのような実力本位の競争意識が国民に根を下ろしていないからである。

日本人はいまだになるべく争いを避け、何よりも和を重んじる精神を温存しているように見える。だから日本人は改革を恐れる。なぜなら改革とはこれまでの秩序を解体し、摩擦を起こすことだからだ。

しかし、好むと好まざるとにかかわらず、日本は国際化の波に洗われている。ビジネスの最前線では国際基準である熾烈な競争に参加せざるをえない。これからの国際社会を生きていくために、競争の原理は不可避的に入ってくる。

国際化は必然であっても、国際化に適していない国民性。日本と日本人が抱えるジレンマにどういう決着をつければよいのだろうか。

❖――競争と互助が共存する思想

競争意識は必要だ。働いて価値あることをした者は社会から正当に評価されなければならない。評価の指標の一つが所得である。所得の多寡は社会に格差を生む。競争あるところに格差の存在は必然なのだろうか。

しかし、仕事へのインセンティブ（意欲）は所得上昇に向けてのみ働くわけではない。人間は他者に認められ、褒められ、求められることに喜びを見いだす生きものだ。つまり、社会からの正当な評価には、所得以上にそうした精神的な価値が重要な役割を果たすはずである。

自己利益の追求ばかりではなく、他者の存在をも繰り入れた仕事のあり方に価値を見いだす姿勢を、私はより「成熟した精神」と考えたい。

二十一世紀の新しい社会には、競争原理に成熟した精神を植え付けることが不可欠だと思う。そのためには、日本人が固有に持つ美徳でもある互助と協調の精神が威力を発揮するのではないだろうか。

かつての日本では、家族や地域といった共同体が、弱者や落ちこぼれにも役割を見いだし、それぞれに社会的な評価を与えていた。そうした互助の精神がはからずも社会貢献のかたちをとり、社会のセイフティネットの役割を果たしていた。

しかし戦後、急速に進んだ共同体の崩壊とともにそうしたシステムも失われてしまった。結果平等主義の普及と共同体の崩壊。それが現代の精神の荒廃を招いているのではないか。

私たちは競争と互助が共存する思想と制度を新たに構築することができるかどうか。それがこれからの社会に問われる課題である。これについては、また後ほど検討しよう。

第三章　「最高の自己満足」のために

職業会計人としての私の仕事への考え方と取り組み方は、私の人生観や幸福観と分かちがたく結びついている。自分の人生への対処の仕方は、常にビジネスの相手や状況との関わりに反映されてきたからだ。そして多くの人がそうであるように、私も仕事を通じて自分の人生観を培ってきた。人生の来し方を振り返りながら、次代に伝える言葉を探ってみる。

❖――最後は何かのために

振り返れば、今ある私の考え方の基本は高校から大学に至る十代後半にかたちづくられたように思う。今でも記憶に残り、折に触れて思い出す当時の言葉やシーンがある。それは、これまでの私の行動の指針にさえなっている。

ということは、大げさに言えば、大もとのところで私は十代の後半から何も変わっていないのかもしれない。職業会計人である私の原型をかたちづくった少年・青年期をエピソードでつづってみる。

私は一九四六年、京都に生まれた。小学校へ入学したのは終戦六、七年後である。敗戦の空気はまだ濃厚に残っていた。当時、滋賀県の大津には米国の駐留軍がいた。京都を戦車が走ると、石畳がガタガタになった。市電が走ると危ないのだが、誰も何も言えなかった。

「今度、もし戦争が起こったら、敵二人をやってやる」

小学生の私はそんなことを漠然と考えていた。

福島第一原発事故で決死の覚悟を持って現場で働いた作業員を海外メディアが「福島のサムライ」と賞賛したが、ああいう〝特攻精神〟というか、最後は何かのために命を捧げるという考え方があった。

私は実質一人っ子だった。姉は死産し、兄は出生届を出して一週間も経たないうちに死んだため、戸籍上は次男である。

幼いころから病弱で病院通いが常のようになっており、そのことが負い目となっていた。ひ弱なイメージと一人っ子を子どもながらに結びつけていたためだと思うが、常に他人に「私は一人っ子に見える?」と問いただし、答えが「おまえは利かん坊やから、次男か三男やろう」と言われると、「そうなんや。本当は次男なんや」と喜んでいたことを思い出す。

❖――やると決めたらやりきる

中学一年のころ、学級委員長をしていたからか、私は教師にひいきにされていた。そのことが他の男子生徒たちのねたみを買うことになり、終了式の後、一〇人ほどの同級生に「待ち伏せ」をされたことがある。

こちらは私と友だちの二人。待ち伏せ組は陸上部の主戦派二人とその他大勢だった。そのうちの一人が、私たちを待ち伏せの現場に連れて行くために迎えに来た。二対一〇。勝ち目はない。だが逃げられないなと思った。そう思ったら「やろう」とハラが据わった。

道すがら腕時計を外して、迎えの男子生徒に「持っていてくれ」と渡し、相方には「おまえ、一番でかいヤツをやれ。残り九人はおれが引き受ける」と告げた。それにしても無謀だ。いくら体は私のほうが大きくても、相手が九人では勝ち目はない。

ただそのときに考えたのは、逃げられない、やるしかない、一番確率がいいのはこの方法しかない、ということだった。そのときに計算はしていない。相手がこう出たら気後れするだろう、などとは考えてもみなかった。後で考えると、確固たる意志を相手に伝えた効果が大きかったと思う。

それを聞いた迎えの男子は現場でビビって、「おれ、やめた」と言いだした。すると「その他大勢」も追随し、結果的に相手には主戦派二人が残った。二対二。これなら勝てると思った。結局、一戦も交えずに敵方は立ち去った。

こんな子どものときの他愛のないケンカ話を持ち出したのは、私なりにそのとき学んだことがあり、それが後の人生に少なからぬ影響を与えているからだ。

けんかのとき、やられてもやられても向かっていけば、どんな強い相手でも、やがて腰が引けてくるものだ。たとえ敵が空手をやっていても、こちらを殺すところまではいかないだろう。

精神論と言われればそうだが、人数で遅れを取っても気力で勝ちを取ることがある。この体験は、「負けると思うけんかはするな」「絶対に勝つ。勝つまでやる」という教訓として一般化できる。

これは勝負の原則であり、ビジネスにも転用できる真理だと思う。何か事を起こすときには、まず「やる」と思うこと。そして「やれる」と自信が持てるまで努力せよ。逆にいうと、「やれると確信が持てるまではやるな」。「やれないかな」と確信が持てないまま敵にぶつかると、負けたときに、「ああ、やっぱり自分はダメなんだ」と思ってしまう。すると、マイナスのサイクルに陥ってしまう。

その代わり、いったんやると決めたらやりきることだ。振り返ってはいけない。たとえ失敗しても、必ず成功への道がある。なぜなら、「やれる」まで努力した自分には必ず「やれる」のだから。

これは後に、「三つの棚卸し」と称して、もっと一般化した言葉で自ら定則化することになるが、それは後述することにしよう。

子どものけんかにも法則がある。それは勝負である限り、いつでもどこでも通用する法則なのだ。

❖――自分の目指す道が決まった

そのころの私にとって大きな出来事は、中学二年の時、母親が心臓弁膜症で他界したことだった。

その日の朝、私の夢枕に立った母親は「これからも頑張りや」と私に告げた。私は「縁起でもないこと言うなよ」と返した。それからすぐに親父に起こされて「救急車を呼べ」と言われた。救急車に乗せられたまま、母は帰らぬ人となった。

私は夢枕に立った母の言葉と姿を今もはっきり記憶している。私が霊魂の存在を信じる理由はこの体験にある。

父親は翌年再婚した。二つ目の大きな負の出来事だった。それが、自分の中で言いわけの部分をつくって、私は甘えた高校生活を過ごした。勉強などしなかった。私はまったくどの大学にも受かる希望はなかった。だから、周りから「あそこだったら不合格でも仕方がないな」と言われそうな大学を受験して、実際に落ちた。

このときの劣等感が、その後の私の原動力になった。

浪人時代は、義母を避けて家を出て、京都の下鴨に下宿した。実家は京都にありながら、京都に下宿したのだから変則的だ。しかし、

「一人暮らしをすることで、自分はグレるか、あるいは強い人間になる。そこに投資をしてくれ」と父を説得した。

自分勝手な論理だと思うが、父は何も言わずに許してくれた。

予備校に通いながら、下宿に帰って考えることは、「今後の自分は何を軸にして生きていくのか」ということだった。当時は一九六〇年代。世間は安保闘争で、社会にはマルキシズムの嵐が吹き荒れていた。

資本主義と社会主義、どちらが優れているのか。

私は「競争は人間の本能」だと考えていた。本能が理性より強いことは明らかであり、経済を計画的に進めることで幸福な社会を築こうとする社会主義は、競争を本能とする動物としての人間を無視しているのではないかと考えた。

競争原理を無理なく取り入れた資本主義が、社会システムとしては社会主義より優れている。

だとすれば、現実的に自分は何ができるのか。社会を動かしているのは経済である。その経済に関係し、寄与できる最大の資格は何か。

それは公認会計士だと思った。父が経理の仕事をしていたことも影響した。

自分の目指す道が決まった。

❖――ウサギとカメ

一年間浪人して、大学は京都の同志社大学の経済学部と商学部の二学部に合格した。自分の道は職業会計人と決めていたので、迷うことなく商学部に進学し、そのまま「会計学研究会」に入会した。それからの大学生活四年間は、この会計学研究会と共にあったと言っても過言ではない。

会計学研究会は、四年生が一年生に対して簿記や会計学を教えるかたちで運営されていた。一〇〇人前後の構成員は、公認会計士試験を主たる目的にする学生と、マルクス経済学を基礎に会計学そのものを理論的に研究する学生に分かれていた。

そのころはまだ、専門学校、今でいう国家試験の合格を目的とした受験学校はなく、公認会計士試験の受験を共にする会計学研究会の仲間たちが自分たちで分担して簿記問題・原価計算問題を作成して時間内に解くという活動を毎週土・日曜に行なっていた。

研究会には、大学入学前にすでに日本商工会議所検定簿記一級を取得していた〝猛者〟がいた。

彼らから遅れて私は簿記三級・二級・一級と進まなければならない。

私たちの勉強グループは週に二回程度、クラブの部室に集まり、地道に簿記の資格を取り進めた。一年が終わるころには、会計士二次試験の受験対策や、その他専門科目の勉強も自主的に始めた。

浪人時代に痛感したことだが、人間の能力にさほどの大きな差はない。ただ、勉強をどれだけやったかだけで差が出る。一日に与えられた時間は、すべての人間に平等に二十四時間しかない。その中で差を埋める、あるいは差を空けるには、人が休んでいるときに時間を使うしかない。

このことも浪人時代に覚えたことの一つである。予備校通いをしながら、周りと同じだけの時間を勉強しても他と差がつかない。ところが、夏休みを終えた最初の模擬試験で大きく差が付いた。夏休みを「遊んだ人間」と「必死に勉強した」の人間との差だった。

「ウサギとカメ」の寓話のごとく、私たちの勉強グループはゆっくりと、しかし着実に歩みを進めた。ずいぶんと先を走っていたウサギたちは余裕を見せているうちに、いつの間にかカメの集団に抜かれ、気がついたときには毎日努力してもカメに追いつけないほど差を空けられていた。ウサギたちはいつの間にか私たちの部室から姿を消していた。

❖――この式を解けば答えが出る

家の経済状態から考えて私に二度の会計士試験の受験はありえなかった。それだけに必死の勉強だったと思う。同時に自分の勉強スタイルがガリ勉型ではなく、短時間集中型であると感じたのもこのときである。

私の勉強時間は一日最大四、五時間。自分が夜型か昼型か朝型かを試して、昼型が一番能率のいいことを知った。午前十時から午後四時半までに勉強を集中してやり、夜はしなかった。動物本来の自然の姿は基本的には夜行性ではなく、昼間（朝日が昇って日が沈むまで）に活動することが一番効率的である、と私は考えていた。

大学内では集中できないので、勉強の場所は京都府立資料館を選んだ。そこが気に入ったのは、ノートルダム女学院の近くで「目の保養」ができることだった。なんといっても、思春期である。当初は女子の顔が見える位置に座ったが、三年になってからは気が散らないよう、比叡山しか見えない位置に座った。目の保養よりも精神の保養を心がけたのである。

各科目の勉強法は自己流だった。まず、各科目の基本となる本を一冊選択し、その一冊を熟読する。各章のエッセンスを本の空白に簡潔にまとめる。これに相当時間をかければ、学問の根本・基本に大きな差はないため、二冊目からは一冊目の著者との相違のみを見つけてすばやく読みこなすことができる。

この方法を基本に、自分の論理展開にあわせたサブノートを作った。この方法は、受験はもちろん、その後の仕事における論理展開にも非常に役立った。

こうして大学三年の夏に、公認会計士第二次試験を受験した。この試験は、会計学・原価計算・簿記論・経済学・商法・経営学・監査論の七科目を一度に受験する。合格率約六〜七％という、司法試験に並ぶ難関だった。

難関だったが、合格した。三年生の十月だった。同志社大学としては約十年ぶりの「三年生合格」だった。努力したが、運も働いた。一瞬の力が、ある高さのハードルを越えた。それが合格の意味だと思う。

私は自分のことをよく「瞬間会計士」と呼ぶ。試験合格に十分な知識があったわけではなく、その試験を受けた時だけ、一瞬だけの知識だという意味である。

原価計算の試験の時に、珠算が得意でない私は、掛け算、割り算を筆算でやっていた。今のような計算機もなく、持ち込めるのはそろばんと計算尺だけだった。そこで、等級別原価計算の問題が出たが、最初の計算を間違えたために後の答えがすべて間違いとなってしまった。

なぜそれに気づいたのか定かではないが、「この計算は誤っている」と思って最初の計算を検算してみると、なんとその計算が誤っていた。答案用紙の計算式をすべて消し去り、正しい答えを導く式を書き出した。だが時間は刻々と過ぎ、遅々たる私の筆算では最終の答えまで達することができない。

さぁ、どうしよう。

そこで考えた。答えを導く計算式は論理を理解していなければ書けない。式ができてさえいれば、後は計算機を使えば誰にでも答えが出せる。私にだって計算機があれば簡単に、正しく答えを導くことができる。

そこで私は窮余の一策として、すべての計算式を書き記し、最後に「この式を解けば答えが出る」と書いたのである。

そして私は合格をした。

良き時代だったのかもしれない。しかし、それはそのときに私が取れる最善の手段だった。最後まであきらめずに最善の道を模索すれば、道が開ける可能性が出る。そのことを胸に刻んだ。

❖――得たものが大きいほど失うものも大きい

三年次に一回の受験で公認会計士試験に合格して、私はめでたく「会計士補」の肩書きを入手した。

合格した今まで常に人の後を追いかけて、それに追いつき、追い越すことに努力してきた私は、気が付けば一番先頭にいる。もう道を教えてくれる人もいない。逆に後輩は私がどうするかを見ている。同輩・先輩は完全に離れていった。

目標としていた頂はもうない。これからをどのようにして過ごすべきかがわかっていなかった。公認会計士協会の主催する実務補修所通いや、先輩事務所からのお誘いと進路選択に大変な時期で、一時、私は自分を見失ってしまった。

大学三年で合格した私は大学でもちょっとした英雄であった。そのときに二人の教授から言われた言葉は、その後の私の人生で大きな決断を迫られたときの指針となった。その意味では、私の人生を左右した言葉でもある。

まず試験に合格した後、商学部教授の西村民之助先生の研究室へ合格を報告に行った時のことだ。西村先生は元全米会計学会会長の井尻雄二氏の義父に当たられる。

先生は開口一番、こう言われた。

「合格おめでとう。でも、おまえは大きなものを失ったかもしれないね。おまえは大学の三年間、勉強ばかりしていたんじゃないのか。ほかの学生はその時間、おまえのできなかったことを十分経験をしているはずだ。どちらがおまえの人生にとって大切かを今後は考える方がいいね」

ショックを受けた。先生が言われたことは「大きなものを得れば、それと同等に大きなものを失う」ということだった。あるいは「得たものが大きければ大きいほど、失うものもまた大きい」。

何かをしていれば何かをしていない。これは人間にとって普遍の真理として常にいえることだろう。何かを選んだ時点で必ず何かを捨てている。すべての事象は裏腹だ。であれば、選んで失敗して失うことを恐れる必要はない。失っても仕方がないではないか。選んだ時点で既に何かを失っているのだから。

このことを十分に理解してハラに落ちていれば、人生で岐路に立たされたとき、常に前向きに決断できるのではないか。そして自らの選択に後悔することが少ないのではないか。人生は選択の連続である。何を選ぶかは一つの賭けだ。何かを選択するとき、何かを失うことを覚悟していれば、失敗を恐れずに前向きな決断ができる。

研究室で先生からかけられた言葉は「合格におごるなよ」という意味だったのだろう。しかし今、自分の人生を振り返って後悔するところがないのは、この先生の言葉を胸に刻みつけていたからだと思う。

決断して選択する。できる限りのことを精一杯にやる。それが結果的に自分に有利に働かないこともある。しかしそれでいい。賭ける価値はある。それが私の「決断のロジック」だった。

私がそれ以後の人生で、幾度か直面する大きな選択にも、あまり悩まずに瞬間的に決断を下すことができたのは、そうした決断のロジックを先生の言葉から築いたからだと思う。

❖──みずから進路を狭くするな

もう一つは、商学部教授の加藤盛弘先生からかけられた言葉だった。

商学部の教授の先生方が集まる研究室の会議室でのことだった。合格は大学三年の時だったので、先生方は興味本位で「君は、就職活動はするのか？」と質問された。

私は即座に「私は監査法人に行くため、就職活動はしません」と答えた。

それを横で聞いておられた加藤先生はこんなふうに話してくださった。

「湯浅君、自分の口から自分を縛るようなことは言うものじゃない。たぶん、君は今後、監査法人に行くことになるんだろうが、この先、君にとってより良い道があるかもしれないじゃないか。君が今、『就職しない』と言った瞬間に、その機会はもう来なくなるだろう。自分の言葉には気をつけたほうがいいよ」

人は自分の思いを口にした途端、その言葉に縛られる。それは自分の発想や可能性を狭める。閉ざす。言葉を換えれば、いつもフレキシブルな態度でことに当たれ、とも言える。あらゆる可能性にわが心身を開いていることで、思わぬ展開になることもあるだろう。先生がおっしゃったのは「みずから自分の進路を狭くするな」ということだったと思う。

もちろん、口に出すことで意図的にわが身を縛り、みずからの覚悟と決断を促すことはある。

後に引けない状況をつくり出す作用が言葉にはある。可能性を開いた状態とは、逆にいえば、宙ぶらりんの状態でもあり、不安定な状態ともみなせる。口にすることでほっとする効果もあるだろう。私たちが自分の考えを口に出すときは、そうした言葉の作用を肝に銘じて発言したほうがいい。

それ以後、私は何をするにもなるべく最後まで口に出さないようにしてきた。

私が長らく所属した会計事務所は、他の会計事務所や監査法人との合併・分離を何度も繰り返してきたが、残るか出るか私の身の振り方を迫られる場面もあった。

その際も私は自分の出処進退を最後まで明らかにしなかった。最後の最後に事態がどう転ぶか分からない。そのときに進退を公にしていれば後戻りできなくなる。たとえ心の中で決めていても、最後まで人に伝えることを抑えた。それによって救われたこと、望ましい展開になったことが何度かあった。

❖──「資本論」の押しかけゼミ

私の大学卒業は一九七〇年。日本中が大荒れに荒れた七〇年安保の年である。国際情勢・経済界も激動の時期を迎えていた。全国の大学で学園紛争が起き、学園封鎖は日常茶飯事として起こっていた。毎日の授業はなく、学生の私は行き場がなかった。

その時に考えた。

公認会計士という職業は近代経済学の上に立つ職業である。職業会計人の道を選んだ限り、一生その経済からは離れることはなく、それ以外の道のことを学ぶ機会もまた、ないだろう。社会に出れば実利しかない。実利ではない全人格的勉強ができるのは、学生時代の今しかない――。

私は仲間と五人で、大学の一般演習の教授の家に押しかけて、マルクスの「資本論」を教えてほしいと頼み込んだ。この機を逃せば、近代経済学に並び立つマルクス経済学の〝聖典〟を、一生読むことはないだろうと思ったからだった。それから週一回、教授のお宅にお邪魔して、マルクス経済の基礎を学んだ。

今、大学時代を振り返るとき、学問の重要性を知ることができた喜びを感じる。

「良心之全身ニ充満シタル丈夫《ますらお》ノ起リ来ラン事ヲ」

同志社大学を創設した新島襄が、新しい国家を担う人材を育成するために掲げた理念である。京都の今出川校舎の正門の「良心碑」に刻まれて、今もその前を通る学生たちを見つめている。

❖――社会への巣立ちの時間

学問の喜びと同時に、学生ならではの自由も味わった。大学三年の秋、約一カ月間、大阪を起点に北海道を一人で旅した。その間、多くの友達ができた。カメラを持って行かなかったのに、その後、日本各地から百枚を超える写真が送られてきた。

夜行列車で一緒になった大工さんとは、デッキで一晩中話をした。彼は故郷に嫁さんをもらいに行くという。なぜ?

「一人前の大工として家を建てる工事を任されるためには家族を持つ必要がある。そのために嫁をもらう」と彼は話した。

学生である私にとって、彼の言葉は新鮮だった。自分の人生設計に他人を入れて、社会の最小構成単位である家族を構想している。そのことが私には驚きだった。

でも焦ることはない。自分はまだ半人前で、人の生き方について学んでいる最中だ。そのための十分な時間を学生生活が保証してくれているのだから。

行く先々で、その場所ごとに違った出会いがあった。

やはり大学三年の夏、一般演習の友達四人で復帰前の沖縄、香港、台湾と旅行した。男三人と女一人という変わった編成だった。台湾の台南市の郊外で、私たちを乗せた観光バスがタイヤを道路の側溝にはめて動けなくなるという事故があった。

日本人は私たち四人だけ。男性三人はか弱き女性を守る騎士よろしく日本の童謡や歌謡曲を歌って彼女を励ました。当時はやっていた「骨まで愛して」という歌謡曲を歌っていたら、村の子供たちも一緒になって合唱する場面があった。

私たちとしては、もしもの場合、日本人の私たちに敵意はないことを周りに理解してもらいたかっただけなのだが、私たちの心配する雰囲気を察したのか、土地の子供が親切にも「私の家に泊まりなさい」と誘ってくれた。

三、四時間もいただろうか。無事に迎えのバスが来て村を離れる時、子供たちは泣いて「さようなら」と言いながらバスを追いかけてきた。この子たちは何の敵意もなく、単にひと時を楽しく過ごした日本人たちとの別れに対し、涙を流すまでに真剣に思ってくれたのである。私はひとり感激していた。

人との交わりは計算されたものではない。計算されないつながりは、すぐに相手を理解しようとする。人との出会いは相手が自分と対等であることを認識するところから始まるように思う。

旅は大学生活で味わえなかったことを経験させてくれた。環境も性別も年齢も異なった人と話ができたことは実に貴重な経験だった。社会に旅立つまで約一年半という期間は、「社会への巣立ちの時間」として与えられたように思う。

環境が変わり、接する人が違っても、老若男女を問わず誰とでも親しく話せるという特技が、この時代の経験を経て得られた。人間相手の商売である職業会計人になったとき、その特技は十分生かされたことを確信している。

大学時代を振り返る時、いっときとして「人生とは？」と正面きって考えたことはなかった。

しかし、時間が十分にあったからか、常に「なぜ?」「何のために?」と考えてきたように思う。

❖──レンゲソウとチューリップ

卒業前のことだから、おそらく四年生のときだろう。ゼミの同級生の自宅に正月、お邪魔したことがあった。彼の父親は某大手建設会社の専務で、第二次大戦で死地を脱した体験を持っていた。当時、五十歳くらいだったと思う。彼は

「帝国大学出身者は、学閥や肩書きで放っておいても出世する。おれは私学出身のできるヤツを出世頭にする」と語り始めた。

彼自身が私学出身で、実力がなくても、「国立大学出身」という〝看板〟だけで、するすると出世街道を進む同僚に苦々しい思いをしていたのだろうか。

「日本人は〝野に咲けレンゲソウ〟って好きやろ。踏まれても踏まれても、〝強くたくましく清く美しく〟が日本人は好きや。そやけど、チューリップとレンゲソウ、どっちがきれいと思う?チューリップやろ。同じ花であれば美しいほうがええやないか。チューリップが野で育たないなら、育つ環境を作ったらええ。野に咲かないなら、温室を作ればいい。その温室におれはなる」

運に恵まれずに帝大には入れなくても、光るヤツはいる。光るヤツを光らせてあげるのが親であり先輩である自分の責任だ、と彼は話した。

レンゲソウの中にもチューリップに育つ人間はいるということだ。日本人はとかく結果平等を求めて、出る杭を打ってしまう。しかし、出る杭をどんどん伸ばしてやるのが、上に立つものの責任であり義務であると言いたかったのだと思う。

彼の言葉は私の腑に落ちた。光るべき人は光らせてあげる場をつくるのが先輩の役であり、大人の役であり、大きくいえば政治家の役割ではないか。

彼の話をきっかけに、私は人間にとって運とは何か、努力とは何か、才能とは何か、について考えるようになった。

❖——運と努力と才能と

人間が最後までコントロールできないことがあることは確かだ。私は母親の死に接してそのことを、身をもって知った。人間がコントロールできないこと、時としてそれは運という言葉に代えられる。

運をチャンスと言い換えることもできる。チャンスは平等にやって来る。しかし、それをチャンスと気づくかどうかには個人差がある。チャンスと気がつけるだけの自分に磨いていなければならない。

そしてチャンスに気づいたからといっても、今度はそのチャンスをつかめるだけの技量をもっていなければならない。技量をつけるためには努力しなければならない。

逆からこうも言えるだろう。努力しても、もともと才能がなければそのチャンスは生かせない。一〇〇メートルを十秒で走る身体能力は天与のものだろう。かといって、努力しなければその才能は開花しない。

運と努力と才能。そのどれ一つが欠けても、持てる力は十全に発揮できないのだ。

それらを人間の幸福との関係で考えるとどうなるだろう。

原石としての才能があっても、運がなければ原石は光らない。運と才能を最初から与えられれば、努力なしにある種の成功を得ることがあるかもしれない。

しかし運で転がり込んだ成功に、人は幸せを感じることができるだろうか。人は自分で何かを成したいと思い、努力して持てる力を十全に発揮して、それを得た結果、幸せを感じるのではないか。

では、その結果を得た後はどうなるのか。成功を得ておしまいか。

私は公認会計士試験合格を目指して必死に努力した。そして合格した。しかし、いざ合格したら目標を失ってしまった。目標を失った状態は幸福とはいえなかった。

つまり、実は幸福とは結果ではなく、結果に至るまでのプロセスのことを指しているということになる。となれば、目標を目指しながら苦労のただ中にあるときこそが、実は幸せなのだということにならないだろうか？

❖――苦難の中の幸福

新宮秀夫は著書『幸福ということ』（一九九八年、NHKブックス）で、エネルギー社会工学の立場から「幸福の四階建て論」を説いている。

人間の幸福感を四つのステージに分け、次のように位置づけている。

富や名誉など人間の本能的な快を得て増やす第一ステージ
獲得した快を永続させる第二ステージ
苦難や苦しみを経験し、それを克服する第三ステージ
克服できない苦難や悲しみの中に幸福を見る第四ステージ

人間はこの「四階建ての幸福の家」に住んでおり、一階があってこそ二階があり、二階があってこそ三階もある、という。

さて、「苦労のただ中にあるときこそが実は幸せということにならないか？」と私は問うた。第四ステージの「苦難の中の幸福」は、幸せを目指さない苦難のどん底にこそ幸福があるとしている。癒されることのない苦しみ、慰められることのない悲しみ、その中にこそ幸せがあるなどとい

う奇妙な逆説は、一階から二階、三階を経て至る深い境涯でこそ得心できるのかもしれない。

しかし、この四階建ての幸福の家の階段を上るとき、私たちはこれまでの運や才能、幸福や不幸に対する既成概念がどこかで雲散霧消することを知るだろう。

幸福のありさまは一様ではない。運や才能に恵まれようが恵まれまいが、私たちはこの幸福の家を一階から上っていかなければならない。一足飛びに二階、三階へとは上れないよう人間は順を追って成長することになっている。

こうした幸福論を核として、私は以前から「三つの三つ」と「三つの棚卸し」という実践課題を唱えている。

❖——三つの三つを考えよ

私はことあるごとに、後続の世代に向かって、「人生に関わる〝三つの三つ〟を考えろ」と語ってきた。「三つの三つ」とは、「平等」「本能」「行動基準」という三つの概念に、それぞれ三種類があるという意味だ。

まず命あるものの「三つの平等」。

（1）命あるということが与えられた条件である平等

（2）命ある者は地球に住む限り一日は二十四時間であり、それ以上でも以下でもない平等
（3）命ある者は必ず滅びる平等

これらはあらためて説明するまでもなく、当たり前のこととして聞こえることだろう。しかし、私たちはどれだけこのことを自覚して日々生きているといえるだろう。どんなに偉大な業績を成し遂げた人間も最後は必ず死ぬ。そして、時とともに忘れ去られていく。また人間はそうやって忘れられるからこそ生きていける。

非情ではあっても、そのことは絶対的な事実である。そしてこのことに関して私たちは絶対的に平等だ。そのゼロ地点に立ったとき、世に満ちる不平等、不公平も風の前の塵に同じ、である。

おそらく人生の折り返し地点を過ぎて、自分の有する年月を「あと何年」と引き算で計算し始めたとき、この「三つの平等」の重みがリアルに感じられてくると思う。そのことを絶えず自覚して日々を送るとき、世の中で常識として語られる幸福観の様相がこれまでとは違って見えてくると思う。

次に人間の「三つの本能」だ。

（1）生命維持

（2）種族の保存
（3）闘争

生命維持は説明不要だろう。種族の保存のため、イヌイットは外部の血を入れるため、男性訪問者への接待に女性を抱かせる。イスラム教は一夫多妻が許される。種の保存のため、それぞれが必ず倫理とルールを持っている。そのために人間を超えた神を措定して宗教が必要になる。

このように書くと、何か神や宗教を冒とくしているように感じる読者もいるかもしれないが、「宗教の本質は、救済に到達する手段を供給するにある」（R・N・ベラー）ということも言われている。

競争が本能であるという認識は前述した。個としての存在である自分は、何にもまして誰にもまして、他者に相対的に認められたいし、他人より優れていたいと思う。それが競争意識だ。つまり競争は他者との相対的な関係を指しているが、闘争とはもっと人間個々の根源的な衝動に基づく本能である。

❖――三つのF

そして「三つの行動基準」。

（1）Frank（素直に）
（2）Friendly（友情を持って）
（3）Fair（公正に）

この三つは、私の日々の経験から生まれてきた行動基準である。私は四十年近く、外資系の会計士事務所で監査を中心に税務・コンサルティングをしてきたが、その取引には日本人以外の国の人を相手にする場合が多かった。

それまで、日本の社会で生きてきた者が、人種・言語・習慣などが違う相手に対して、ビジネスの交渉をしなければならない。そのときに何をよりどころにすればいいか？

違いを強調しても前には進まない。まず同じであることを強調しなければ、つまり相手と同じ土俵の上に立たなければ話にならない。そのために一番手っ取り早いのは、素直に（Frank）に自分をさらけ出すことだ。そのことによって自分の思考経路を理解してもらうのだ。

利害をむき出しにするのではなく、友情を持って（Friendly）、相手を尊敬し、へりくだることなく対等に行動することこそ一番重要なことではないだろうか。

そして最後が公正（Fair）であること。ビジネスにあっては常にウイン・ウイン（自分も勝ち、相手も勝つ）の状況を考えることが必要だ。一人勝ちするのではなく、また負けたのではビジネスにならない。公正さは相手との継続的な関係を築くうえでも不可欠な要素である。

「三つの三つ」は、生きていくうえでも、ビジネスをなすうえでも、常に心がけていくものとして銘記している。

❖――三つの棚卸し

まず「生ありき」だ。自分に選択肢はなく、生まれてきた。これがまぎれもない現実である。だから私が問題とするのは「なぜ生きるのか」ではなく、「いかに生きるか」だ。生あるものが死ぬまでのプロセスを、自分なりにどう評価していくか。それこそが私の問題であり、ここで考えたいことである。

あなたは何がしたいのか？　それがなければ努力はできない。したくないものを「できるから」と言ってやれるものではない。けれど、その前に「したいから」といってできるものではない。能力がなければできない。さらに能力があっても、やれる環境がなければ、やはりできない。

何がしたいか。何ができるか。与えられたものがそれを許す環境かどうか。その中で自分がしたいことを求め歩くのが人生だといえる。

日ごろからそういう心構えで生きていけば、失敗しても後悔することはない。言い換えれば、何かに失敗したとき、自分の努力が足らなかった、自分の才能がなかった、運がなかった、などと言って後悔するな。そんなことは後悔しても仕方がないのだから。

（1）何がしたいか
（2）何ができるのか
（3）それができる環境なのか

この自分を知るための「三つの棚卸し」を毎年少なくとも一回、例えば正月にやることだ。キャリアを積めば「自分のしたいこと」、目的は以前よりも大きくなるかもしれない。より狭い範囲に絞られることもある。「できること」は、経験を積めば積むほど増えていくのではないか。でなければ自分は成長していないということになる。

時とともに自分の環境も変わっていくだろう。妻子ができれば、養わなければいけないかもしれない。出世したりお金が貯まったりしていれば、やれる領域が広くなる。

「何がしたいか」「何ができるか」は分かった。今まで環境が許さなかったが、やっと「それができる環境」がそろった。チャンスだ。しかし失敗するかもしれない。もちろん、得るものがあれば失うものがある。だから迷う。

しかし、妻子のため、会社のため、国のためといっても、最後は自分が満足するため、つまりは自己満足のためだ。「自己満足」という言葉はいかにも安っぽいが、人がこの世で一人では生きてはいけないことを知り、理解したうえで、自分は「誰のために生きているのか」と根本まで突き詰めていけば、最後に「自分が満足できる」ということが本質的に大切なことがわかる。

自己満足を求めて行動するのだから、失敗を覚悟して踏み出す。そこまで覚悟しておくということだ。失った状態を想定して、それでも自分が満足できるなら「GO！」だ。

自分を知るための「三つの棚卸し」を問うたうえでの目的追求と、その不断の更新が、最後に自己満足に結びつくのではないか。私たちは最高の自己満足を得るために、日々努力しているのである。

その繰り返しが「四階建ての幸福の家」を一階一階上っていくことだと思う。

❖――自分に対する確信

この個々における幸福論を日本人全体に置き換えるとどうなるか。

今の日本は自信喪失状態にある。「失われた十年」「失われた二十年」といわれる。日本人がそこで失った最大のものは、実は「自信」だったのではないか。

「自信」の英訳を辞書でひくと「セルフコンフィデンス」である。しかし、両者は少し意味合いが違う。「セルフコンフィデンス」には「自分に対する確信」「自分を能動的に信じること」という含意がある。今の日本にはこの「自分はもっとできる」という自分に対する確信が欠けているように感じる。

自分に確信を持つとは、「自分はできる」と信じることができるかどうかに関わる。前に進めば、壁にぶちあたる。ぶちあたると、もがく。どこであきらめるか。しかし本当の勝負どきは、セルフコンフィデンス、自分に対して「自分にはできる」と信じているかどうかが分かれ目になる。

逆にいうと、自分のことを信じられるまで努力をしているか。そこに行くまでは手を抜いていないかどうか。できることは全部やったと思えるかどうか。そこに誇りを持てるかどうか。すべてイエスなら、自分が出した答えには自信を持つことができる。

自分ができると信じたことには道がある。できるのだから、そこには必ず道がある。壁があれば乗り越える。乗り越えられなければ穴を開ける。穴を開けられなければ助力を求める。絶対できるのだからネバー・ギブ・アップ、あきらめてはいけない。

自分に確信を持つために不可欠なのは、まず自分を知ることだ。

日本が自信を取り戻すために必要なのは、日本を知ることである。すなわち日本人それぞれが「三つの棚卸し」をしなければいけないのだ。

私たちは何をしたいのか。何ができるのか。それができる環境なのか——。

第四章

国際職業会計人として

文化や風土はその国のビジネスの作法を左右する。私は外資系会計事務所でアメリカ流の個人主義による仕事の進め方を徹底的に教え込まれ、アメリカでの二年間にわたる研修では日本との文化差を目の当たりにした。その経験は、以後の仕事のスタイルとキャリアの礎になった。私の〝修業時代〟のエピソードを通して職業会計人の仕事の実際を紹介し、そこから日本独自の文化・風土について考えてみた。

❖──難しいことに挑戦しよう

私が外資系の会計士事務所に入所したのは一九七〇年代、「監査」がまだ日本に定着していない時代だった。当然、外資系の会計士事務所に就職する学生は極めて例外的で、その道は細くまた険しかった。

私は大学三年で公認会計士第二次試験に合格した後、公認会計士協会の主催する実務補修所に大学三年の秋から四年の秋まで通っていた。この補修所は、試験合格後、実務経験を積むと同時に、先輩の会計士から実務に即した学問を習得することを目的としたものである。

通常であれば、実務につきながら補修所に通うのだが、私の場合、学生であったため、社会に出る予備段階の状態にあり、補修所で皆の意見を聞きながら、どの方向に進むかを検討していた。

苦労はしたほうがよい。水は高きより低きに流れるが、その逆はありえない。どうせ監査をやるのであれば、難しいことに挑戦しよう。ならば外資系だ――。私は監査が日本に定着していない時代だからこそ、「監査先進国」といわれていたアメリカ・イギリスの会計事務所に入って、新時代の監査を体得しようと考えた。

私は大学を卒業すると同時に、時の米国八大事務所（ビッグエイト）の一つピート・マーウィック・ミッチェル会計士事務所に入所を決めた。その大阪事務所は当時、一二～一四人程度の小さな事務所だった。事務所の英語略称「PMM&Co.」の「Co.」とはカンパニーの意味ではなく、コー・パートナーシップ（共同出資）である。

大阪事務所のクライアントで日本の上場企業は、松下電器産業と武田薬品工業の二社だったと記憶している。両社とも、アメリカで一般に公正妥当と認められた会計基準（GAAP＝Generally Accepted Accounting Principles）によって、その財務報告を連結ベースで発表する。

このためビッグエイトの一つであるPMMが監査を担当した。

ほかのクライアントはアメリカ、イギリスの大会社の子会社か、合弁会社の監査が中心で、規模は比較的小さな会社ばかりだった。日本の会計事務所のクライアントの多くが上場企業だったのとは対照的である。

この選択が、以後の私の職業会計人としての道を決定した。

❖——利己主義、個人主義、自己主義

PMMの所長はD・R・ビンガム氏というアメリカ人だった。私は一九七〇年の入所以来、実に二十数年にわたってビンガム氏のもとで監査などを行なってきたことになる。それは、事務所を支配していたアメリカ流の合理主義、個人主義を徹底的に教え込まれたことを意味した。

その際の個人主義とは、自らの利益のみを優先する「利己主義」のことではない。キリスト教の教えにもとづく「個人主義」、つまり日本人の好きな「集団を生かした技能」よりも、その時その時に自己の権利と責任をフェアに自覚し行動する「自己主義」が前提となる。

それは「平等」の考え方に象徴的に表れた。平等とは異なる人間、異なる成果に対して、同じリターンを与えることを意味しない。個人の能力は生まれたときからタレントとして、その個人に属するものだ。後天的に育成可能なものとは明らかに違う。

能力の差は個々人の性格や顔が異なるように厳として存在し、その差は埋めることができない。その差を適切に評価し、その才能を見抜いて、それに見合った権限と責任を与えることこそが、個人主義のもとにおける平等である。それが自己の権利と同等に、他者の権利も尊重する本来の平等だと思う。

ＰＭＭではアメリカ人の所長のもと、日本人である私たちスタッフは、そうした米国流の個人主義を具体的な仕事を通じて学んでいった。

❖――自分の責任で主体的に判断する

事務所での長い待機の後の初仕事は、東京のクライアントの預け先である営業倉庫の「棚卸の立会い」だった。

棚卸とは在庫商品の数量を把握することを指す。棚卸の立会いとは、クライアントが実地に棚卸をする際、監査人として実際に立ち会い、現物管理（不良品管理・滞留在庫管理および未入庫・未出荷等の管理）に数え漏れや二重計上がないかを評価する仕事だった。

初めての仕事で、本から得た知識しか持ち合わせていない私は、わけも分からないまま営業倉庫へ向かった。

大学出たての会計士補であっても、倉庫担当者にとっては依頼先から派遣された監査人である。

私の監査でもし間違いが報告されれば、その倉庫担当者の評価は下がり、悪くすれば依頼人からの預け品は引き上げられてしまう。だから何も知らない若造であっても丁重に取り扱ってくれた。

まず真新しい名刺を差し出しながら「ピート・マーウィック・ミッチェル会計士事務所の湯浅と申します。本日は○○株式会社の預け在庫の棚卸をさせていただきます」と勢いよく自己紹介と来訪の目的を説明した。

しかし、この若い監査人は実際の棚卸立会いに何をすればよいのか分かってない。

私は誰のために何をチェックしているのだろう？　もし自分がミスを見過ごせば、それは以後誰にも発見されることはない。なぜなら、その事実を見ているのは「私だけ」なのだから。つまり、私がそこで何かを見過ごしてもごまかしても誰にも分からないということだ。

この単純な事実は、実は監査という仕事の肝である。棚卸の立会いという比較的簡単な仕事でも、上司がのちほど必ず私の作成した監査調書を点検する。その際に文句を言われない調書は両極端に位置するものになる。

まず、完璧なチェックと評価をして瑕疵のない調書。当然、文句の付けようはない。それが一方の極とすると、もう一方の極はろくに確認と評価をしないまま「何も指摘する事項はなかった」と記すだけの調書だ。

完全な調書か、完全手抜きの調書か。上司から批判されないためには、どちらかを選ぶことになる。結果は同じだが、そこに至るプロセスはまったく異なる。それを判断するのは現場の監査人以外にはいない。

その場で、自分が自分の責任で主体的に判断する。それが公認会計士という仕事に与えられた使命である。初仕事で私は監査人・公認会計士の重みと誇りを感じた。

❖——真実が最も公正さを担保する

「自分が自分の責任で主体的に判断する」。そのことをはっきりと自覚したエピソードがある。

後年、私がマネジャーからパートナーに昇進したとき、それまでビンガム氏の持っていた仕事の一部が私に回ってきた。その際、「棚卸の評価」でクライアントのスタッフとぶつかったことがあった。

私から見れば、棚卸資産の「評価額」が適正価格よりも低過ぎた。いわゆる「保守的な会計」である。何ごとも「過ぎる」というのは好ましくない。問題はなぜ低く見積もったのか、である。

その会社では、当期は利益が出たが、来期は利益を望めない。しかし経営者としては、できるだけ起伏の少ない右肩上がりの経営に見せたい。利益が出ている当期に、棚卸資産の繰越の評価額を保守的に、つまり実際よりも意図的に低く見積もる。そして、翌期にその評価減をした在庫を正常な価格で売ることによって、翌期の利益をよく見せてプラスに持ち込む。そうすると、今期の順調な利益を翌期に繰り越すことができる。

通算すると総額の利益は何も変わらないが、営業成績としては右肩上がり、順調に推移しているように見える。

この評価減を税務上は費用に繰り込むことはできないので、税金は評価減をしなかったときと同額払うことになる。「だから問題はないではないか」というのが相手方、クライアントの言い分だった。

しかし、私は「だめだ」と譲らなかった。保守的な監査では認められるかもしれない。だがわれわれの仕事は、財務諸表による適正なる財務数値の報告なのである。適正とは、低すぎても、高すぎてもだめで、まさに「適正」でなければならない。

財務諸表に利害衝突は付きものだ。経営者はなるべく経営状態をよく見せようとする。投資家はシビアに判定しようとする。債権者は安全を優先する。

利害が異なるすべての人にフェアであるためには、取引の記録が真実に基づいて表現されていること以外にはない。真実が唯一、公正さを担保するということだ。財務諸表が適正に表現される条件は、「それが真実であることだ」といえる。

私は、カバーレター（送り状）には経営者の主張通りにその旨を書いても、監査報告書はあくまで罰点を付けると主張した。相手方は気色ばんだ。

「あなたは私たちにナイフを突きつけているのか？」
「そうだ」
そんな会話が交わされた。

❖――それはきみの仕事だよ

パートナーになって初めての仕事だった。だから私なりに悩んだ。相手方は「翌期にはその評価減は適正にする」と言っている。今期の利益をよく見せようとする一般の経営者に比べ、不確定な翌期の利益に備えて保守的に評価を下げているのだから、むしろ「より健全な経営」とは言えないか。そして税務的に見れば、正しく税金は納付される。この取引記録を認めて、いったい誰が損をするというのか。それこそ私一人が目をつむれば、翌期には何ごともなかったように事態は過ぎていくのではないのか。

いや、そうではない。職業会計人として誰に対しても説明がつく財務諸表を提供するように監査するのが監査人の役目であり、責務である。であるなら、目をつむることはできない。

迷った私は、前期までこのクライアントの棚卸評価を担当していたビンガム氏に相談することにした。すると、彼はこともなげに言った。

「You became a partner, it is your job.」

（君はパートナーになったんだ。それはきみの仕事だよ）

それをジャッジすることがパートナーの仕事だろ。おれとおまえは同じ立場なんだ。おまえがやりたいようにやれ――。そういうことだった。

先輩としての意見を求めた私は、この答えに本場の個人主義の神髄を見た思いがした。

後輩から相談を受けてビンガム氏が返した言葉は、日本人にとっては冷たく突き放したように響くかもしれない。しかし、これが「機会の平等」の代わりに負うべき「責任の平等」である。チャンスは与えるが、それには責任を伴う。「結果の平等」を求める日本とは根本的に異なる発想だった。

日本人のいう個人主義は、権限だけを主張して責任を伴わないために、単なる利己主義に陥りがちだ。アメリカでは権限も与えられるが、一方で責任も取らなければならない。そのことを頭だけで理解していても限界がある。ゴムまりに油が付いたようなものだ。主義主張は身に染みつかせなければ御託にすぎない。

もともと平等と合理主義を奉じていた私は、ビンガム氏の簡明にして正鵠を射た答えに目からうろこが落ちる思いをした。私は結局、自分の決定を通した。

以後、私が部下に対する態度も、この個人主義を踏襲するようにした。

❖――新人で実社会の監査現場に

ＰＭＭに入社して二年目のころのことだ。

われわれのクライアントであるスウェーデンの会社から、兵庫県の姫路にある取引先の有名鉄工会社の財務内容を調べる仕事が入ってきた。その鉄工会社がスウェーデンの会社に財務支援を要請したため、財務支援してもいいかどうか鉄工会社の経営状況を調べてほしいという依頼だった。

新米の私は、もちろん監査のなんたるかを知らず、監査技術さえ覚つかない。それでも命じられるままに、上司のマネジャーと姫路のホテルに泊まりこみ、鉄工会社の「財務諸表」（決算書）とにらめっこすることになった。

まず、特別調査の目的は、提供されている財務諸表が適正かどうか、すなわちスウェーデンの会社が意志決定をする際に判断を誤らせることのない財務諸表なのかどうかを確認することである。その意思決定も、今すぐに現金の流出（キャッシュ・アウト）を伴う意思決定なのだ。

一般にいう財務諸表監査とは若干意味が異なるし、また手法も異なる。というのも、一般的にこのような場合、財務支援を要請している会社は、少しでも自分の会社をよく見せて、支援を促す説得材料にしようとしているはずだ。

つまり、少しでも悪いものは隠して良く見せようとするのが、この手の財務諸表の持つ傾向である。それをいろいろな角度から検討し、財務諸表が支援側の意思決定に正しい材料を提供しているかどうかをチェックする必要がある。

帳簿にない負債が隠されていないか？

価値のない資産がないか？

帳簿に現れていない将来的な負債はないか？

経営に不利な契約はないか？

財務支援をするだけの価値のある会社か？

——などと、一般の監査よりも厳しい見方を要求されることになる。

われわれに特別調査を依頼したスウェーデンの会社は、監査済みの財務諸表をそのまま信用する。それほど公認会計士が注意深く調査・監査したものだと期待されているわけである。

❖——会社の健康診断書の見方

この会社の取引を分解記録し、企業の経営成績を利害関係者に報告する書類が「財務諸表」、いわば〝会社の健康診断書〟のようなものである。それまで学校や教科書で習った「仕訳」は表面的なことだった。

この財務諸表の見方を簡単に解説しておく。

財務諸表は、その使用目的に応じていろいろな情報が盛り込まれ、表現の仕方も変わってくる。

財務諸表は、「貸借対照表」「損益計算書」「キャッシュフロー計算書」の三つからなる。貸借対照表は「資産」「負債」「純資産」の三つで構成される。

「資産」の部を見ることによって、企業活動においてどのように資金を使ったかが分かり、「負債」「純資産」の部を見ることによって、企業活動においてどのように資金を調達したかがわかる。

しかし、財務諸表は作成者が会計事実を自分で想定し、意志を働かせて仕訳を起こす（経理処理する）。その合計としての財務諸表も、表示するに当たってうまく見せようという意志が働く。そこが〝くせ者〟なわけだ。

まずは「資産側の評価」を見た。当時の日本の会計では、その資産を取得したときの価格で、簿価（帳簿価額）として貸借対照表に記載されている。しかし、その通りの換金価値があるとは限らない。

たとえば、売掛金は貸借対照表日の前に物を売った代金で、まだ入金されていないものを記載しているが、はたしてその金額が回収可能なのか、貸し倒れの可能性はないのか、架空売上などはないのか、その「換金性」を検証しなければならない。

「棚卸資産」はどうか。購入した資産（原料）を加工して、価値を高めて利益を得るという事業を展開している鉄工会社にとって、いちばん重要な資産だ。だが、これもくせ者である。

というのも、棚卸資産も原材料の購入価格に加工賃を上乗せした製造原価で貸借対照表に載っている。これが良品で市場に対してそのままの価格以上で販売できれば問題はない。しかし、その販売が順調なら在庫に多く残るはずがない。製造原価に相当にかかっていても、その価格以上で販売ができないものを貸借対照表に載せれば〝絵に描いたもち〟となる。

❖――〝性悪説監査〟の洗礼

過去の財務諸表が正しいのかどうか。少なくとも貸借対照表に表示されている全資産は、その価格以上で現金に換わって将来の事業に役立てることができるかどうか。「負債側」はそれ以上の負債がないかどうか。これらを調べるのが、私たちの仕事である。

とはいえ、同じ監査をするにしても、一般にいう証券取引法監査（現在の金融商品取引法監査）の大会社とはわけが違った。大会社の多くは、ベテランの経理社員が長い伝統のもとに緻密な計算をして、〝石橋を叩いても渡らない〟ほどの健全経営をしている。

しかし、姫路の会社は中小である。監査も法的に要求されていなかったので、監査そのものを受けたことがなかった会社なのだ。

つまりどういうことかというと、「粉飾が前提」なのである。「何かを隠している」ことを当然として対処しなければならない。すなわち「性善説の監査」ではなく、「性悪説の監査」である。そして実際、預金と借入金が同額貸借対照表から抜け落ちていた。

当時、金融機関が貸付をするとき、「歩積み預金」といって、借入と同額の預金を要求することが多かった。現在、この手の預金は禁止されている。借入と同額の預金をするということは、金融機関に利益を供与していることになる。原価となる預金の金利は、売上である貸付金の金利のほうが高いのは当たり前だ。リスクゼロで貸付金利と預金金利の差額が利益として金融機関に入るということになる。

借入金を貸借対照表に載せれば、負債が増えて財務内容がそれだけ悪いと判断される。このため負債は隠すために簿外とする。金利を払えば必ず仕訳として表に出るため、その金利をどう隠すかが偽装会計のテクニックである。

隠れた簿外債務を調べる方法として、金利は必ず支払われるため、その金利から元本が算出できる。その元本を負債の元本の記録とぶつけて、金利に見合う借入金が帳簿に載っていることを確認する。これが「紐付けチェック」と呼ぶ監査手法である。

調べるうちに、たまたま銀行確認書で借入書に数字が出てきたが、借入金が見つからない。「なんだ、これは!」となった。借入金に見合う預金も帳簿に上ってないが、確認書には預金が書き入れてある。金利はどこに行った？

会社は元本の借入金と預金の両方を同額簿外にしていたが、支払金利は当座預金から引き落とされていくため、記録しないわけにはいかない。預金通帳を見ていたら、金利らしき数字が出てきた。しかし金利の欄には出てこない。

支払い金利はあまりに見え見えだから、彼らは「下請け加工賃」という、普通は思いつかない勘定科目に入れていたのである。そのほか、これ以外にもいくつかの「偽装会計処理」があった。

こんなカラクリが実務世界では当たり前、とまでは言わないが、学校で習う仕訳とはまったく異なる仕訳の実態だった。新米監査人だった私にとって、実務社会では生き残るために会計の技術（つまり仕訳）を駆使して事実を隠すこともあるということを、実務を通して経験した。

一般に簿記とは、複式簿記を前提に話をしている。そして「貸方・借方」という取引の原因と結果を記録するのだから、一つの勘定科目がおかしければ、必ずその相手勘定も異常な数値または勘定にならなければ、つじつまが合わない。この見方が、その後の私の監査経験に大いに役立った。

❖――現実社会の修羅場

この事案の顛末を書く。

現場での作業も終わりに近づいてきたころ、新米の私にはくわしいことは分からなかったものの、それまで判明した事実を中間報告としてクライアントであるスウェーデンの会社に報告していた。

調査終了前のある朝、大阪から姫路に向かう新幹線の中で、クライアントの財務部の人間と偶然会った。実は当初、姫路に宿泊をしていたが、仕事の内容が内容なだけに、息が詰まって仕方がなかった。そのため体力的にはきつくても、新幹線で大阪から通っていたのだ。財務部の人に「なぜこの電車に乗っておられるのですか?」と質問した。それに対する答えに私は胸を衝かれた。

その日に姫路の会社の手形の期日が来るのだが、支援するかどうかの結論が、まだ出ていないという。その日の朝の東京の会議で決まるが、たとえ支援が決まっても資金の送金が間に合わない。だから前日に、姫路の会社と同じ銀行の支店にスウェーデンの会社名で口座を開き、既に必要資金は送ったという。支援するという結論に対する準備は万端だった。

「今朝の会議で支援が決まれば、すぐに同支店内の資金付け替えができて、手形の不渡りは発生しません。支援しないことになれば、私は東京に帰るだけです。姫路の会社は不渡りが発生して倒産することになります」

右も左も分からない若造が、一〇〇人からの社員を抱える会社の「生き死に」が決まろうという現場に居合わせることになってしまったのだ。

若くして、さまざまな監査技術の会得とともに、生き馬の目を抜く実社会の修羅場に立ち会えたのは、事務所が外資系ゆえだったと思う。大会社相手に牧歌的な監査をやっている国内の監査法人では決して経験できなかったことだったろう。実務の一つひとつが実に貴重な経験として私の血肉となった。

その後、姫路の会社は財務支援を一時的には得られたものの、十大商社の一つが売買取引に形を変えた貸付をしていたことが分かり、スウェーデンの会社もその後のビジネス上の手配を済ませた後、財務的支援を打ち切ったと聞いている。

❖――髪の毛が真っ白になった

大阪の会計事務所で七年ほど働いたころ、所長のビンガム氏から「アメリカへ行かないか」という打診があった。

アジアで働くPMM職員から数人を選抜し、アメリカで研修員として実務を積ませるというPMMのプログラムだった。アメリカの風土や文化を理解させて、その成果を自国（私の場合は日本）に持ち帰って、今後の両国の経済交流に役立てるのがこの研修の目的だった。

当時、私はまだシニアの下っ端で英語も満足にできなかった。しかし私はその場で即座に「行きます」と答えていた。

迷いはなかった。今までの自分では経験できないことを経験できるというチャンスは滅多にやって来ない。このチャンスは誰にでも巡ってくるものではない。今この機会を使えるのは、多くのなかで自分だけだ。

いや、チャンスはみんなにやって来るものなのかもしれないが、そのチャンスを自分のものにできるかどうかは縁であり運ではないか。問題はその運をつかむだけのことをしているかどうかだ。

もちろん、リスクは大きい。私が監査に従事していた関西の大手企業の経理部長からは、アメリカ行きについて「やめとけ。潰れるぞ」と忠告された。そのとき、私はこんなふうに答えた。

「確かに潰れるかもしれません。でも精一杯やって、うまく行けば仕事にも人生にもプラスになるでしょう。うまく行かないときは、もともと自分はそれだけの者だったのだから仕方ありません。人生にはどこかで賭けなければいけないときがある。だから私はいま賭けてみたいと思います」

決断して選択する。できる限りのことを精一杯やる。たとえ失敗しても、やる価値は必ずある。これが私の決断のロジックだった。

渡米したのは一九七八年だった。アメリカに着いたその日から、私はカルチャーショックを受けることになる。それから日米の文化差をいやでも考えざるを得ない状況に日々立たされることになった。

日本の企業の海外赴任なら、現地の社員が飛行場まで迎えに来てホテルまで連れて行ってくれ、翌日、人事部で必要事項を教えてくれるのかもしれないが、外資系である私の場合はなんにも面倒を見てくれなかった。家探しから車の購入、預金、社会保険の手続き、免許の切り替え……全部自分でやらなければいけなかった。

英語も満足にできない。想像以上のストレスだったのだと思う。一カ月で髪の毛が真っ白になった。

今から三、四十年前、日本へ来ているアメリカ人はみんなエリートだった。だからみんな外見も着ている服も身のこなしも洗練されて格好良かった。だから、私を含めて日本人は外国人への劣等感が根強くあったと思う。しかし、実際にアメリカに来てみると、街は汚く、乞食もいて、正直「なんやこれは?」と思った。

しかし、その乞食も当たり前だが英語をしゃべっていた。

❖――本場でプロの誇りを学んだ

私にとってアメリカ行きは、仕事として海外で暮らす初の経験だった。これは私のその後の人生観やものの見方に決定的な影響を与えた。

アメリカに行けと言われた時、私は外から見る日本人を観察してこようと思った。とはいえ、英語も十分に話せない自分としては、リスクを回避するために、自分で目的をセットした。そしてアメリカ生活の目的を「仕事」「研修」「観光」の三つと割り切った。

当時、アメリカで一般に認められた会計基準（GAAP）は、世界の会計をリードしていた。これに対して日本は、①税効果会計②リース会計③企業結合会計④金融商品会計——など多くの分野で日本独特の会計方式を取り、世界の一般的会計基準（その時代は、ほぼアメリカのGAAP）から一番かけ離れた基準を取り込んでいた。

私の法的な身分は「ビジネス・トレーニー」、つまり研修員だった。米国会計基準と監査技術・技法、営業を組織的に研修させるわけだ。アメリカの考え方を海外の人間に理解させるためには回り道に見えるが、アメリカが取ったこの方法が、最も効率的な手段だと思う。そのことを実践できることもまた、アメリカという国の懐の深さだと感じた。

そのために、与えられた機会はできるだけ生かそうと考えた。

CAS（Computer Audit Specialist コンピューターを利用する監査人の専門家）、SAS（Statistical Sampling Audit Specialist 統計的監査手法の専門家）、SEACAS（System Evaluation Approach Computer Assisted Specialist コンピューターを利用するシステム評価ア

プローチの専門家）など、ＰＭＭのなかで取れる、監査に関する資格をできるだけ取った。アメリカの場合、職業会計人を育てても転職していく比率が非常に高い。それは育成する側のリスクのようにも見える。しかし、研修を受けて次に一般企業や他の監査法人に行くことを認める理由は、監査法人として職業会計人を育成し、結果的に社会に貢献していると考えるからだ。これが本当のＣＳＲ（企業の社会的責任）ではないだろうか。

社会のなかに数々の職業があり、多くはそれぞれ自分にあった仕事を存分にこなすことで存在意義が認められる。そんな社会的な分業のなかで、私は職業会計人を選んだ。その本場アメリカで、職業会計人としての心構え、そしてプロフェッショナルとしての誇りを教えられた。

❖――日常に危険がある国

そのころのニューヨークは汚いだけでなく、危険でもあった。グランドセントラルの駅に着いたときも、後ろからドンと押されたらおしまいだと思って、壁にべちゃーとくっついていた。

当時も今もいわれていたのが、紙幣は一〇〇ドル紙幣を持たないことだった。一〇ドルか二〇ドル。そして、その小額紙幣を上着の胸ポケット入れる。日本ならば胸の内ポケットなのだろうが、内ポケットに手を入れると、拳銃やナイフを取り出す動作と勘違いされる危険性がある。だから相手の見えるところからお金を取り出すのだ。

当時、一〇〇ドルはかなりの価値があった。七〇〇〇ドルで車を買えたから、今でいえば、十万円以上の感覚だ。強盗に一〇〇ドル紙幣を渡すと、「後から取り返しに来るのでは？」と相手に疑われるため逆に危ない。だから二〇ドルか三〇ドルを胸ポケットに入れておくことが身を守る方策だと諭された。

実際に私の自宅近くでも事件があった。運転席に拳銃を突きつけられて「金を出せ」。黙って渡せば済んだのに、「その財布にはカードしか入っていないから返してくれ」と言った途端、バーンと撃たれた。

私の部下は自家用車のトランクにライフルを入れていた。拳銃はけっこう簡単に買えた。銃社会アメリカの実態を知ると同時に、日本がいかに平和で安全なのかを肌で知ることになった。

❖——オール電化マンションに象徴される国

アメリカでは誰でも経験することだと思うが、エレベーターに同乗したとき、初対面でも「ハロー」「グッモーニング」とあいさつし、ボタンを代わりに押したり降りる先を譲ったりすると、必ず「サンキュー」と礼を言う。

それは彼らが人なつっこくて、誰にでもオープンマインドだからではない。エレベーターという考えようによっては物騒な密室で、「自分はあなたの敵ではない」というサインを常に出しておくことが個人間の安全保障となるわけだ。

やはりエレベーターで、こんな場面に出くわしたことがある。乗り合わせたのは、大工とガードマンだった。大工は金づちをガードマンに見せて「おれはこんなものを持っている」。対するガードマンは腰にぶらさげた拳銃を見せて「おれはこいつだ」。

なんという国だろうかと思った。これもまた、自分の持っている「凶器」を相手にさらけ出すことで「敵対心がない」ことを示して、互いの安全保障をあらかじめ図る手段なのだ。

日本人はみんな髪の毛も目も黒く、同じような顔と同じようなものの考え方のなかにいることに何の違和感も持たない。自分が危害を加える気がないのだから周りも自分に危害を加えることはないだろう。そんなふうに自分に危険が降りかかる事態などまったく想定せずに日々を過ごしている。

その思いこみは個人レベルにとどまらない。組織レベルでも、それは危機管理の仕方に如実に表れる。

日本で「オール電化のマンション」が存在するという話を聞いたときは、心底驚いたものだ。おそらく海外では、あり得ないマンションではないか。

オール電化マンションは、日本という国のかたちを象徴していると思う。一つは、日本が戦後一貫して追求してきた「効率性」が凝縮されている。

堺屋太一流に言えば、戦後日本は「規格大量生産型国家」だった。教育を画一化し、官僚主導で政治も経済も文化も東京に一極集中して、日本の社会構造全体が規格品の大量生産の確立に役立つよう設計された。それが急速な高度経済成長を支え、近代工業社会への道をひた走ることを可能にした。規格を統一したほうが断然効率がいいからである。

電気という一つのエネルギーによって住空間の機能と快適性を支えるオール電化のマンションは、効率性という側面からは究極のマンションである。ただし、それには条件がある。電力供給に支障を来たさないという条件である。そのためには日本が恒常的に安全で平和であることが前提条件となる。

つまり、オール電化の高層マンションには、電気の供給が止まった場合、あるいは一定量に制限された場合、どういう事態に立ち至るかという発想がまったくない。エレベーターは使えない。水が出ない。煮炊きもできない。電気がなければ何もできない。

一つのルートが絶たれたらすべて機能しなくなる設計は、危機管理面からいえば最悪の設計である。今回の大震災に伴う節電で、私たちはその愚かさを思い知ったのではないか。

❖——危機管理意識の欠如

この事態は日本という国家の危機管理意識の低さをも示している。

例えば米国では大統領と副大統領が同じ専用機に乗ることはない。事件や事故によって大統領と副大統領が同時に失われることを防ぐためだ。

シンガポールでチャンギ空港近くの幅広い直線道路は臨時の滑走路になるよう設計されている。真ん中の分離帯は移動可能で、短時間で飛行場になる。有事の際に対応するためだそうだ。

長らく米国の「核の傘」の下にいた日本にはない発想だろう。それどころか、有事の際はアメリカが助けに来てくれるとさえ考えている日本人は少なくない。まず自国の利益があって、それから他国の利益がある。自国の利益にならない援助などあり得ないということを日本は知るべきである。

日本国憲法第九条では軍隊や戦争の放棄を謳いながら、現実に武器を持つ自衛隊を持ち、海外派遣さえしているという矛盾も、厳しい現実に直面することを避けてきた平和ボケの表れといっても言い過ぎではないだろう。

水資源も日本では無尽蔵に近いほどあって、水道をひねれば水が出てくると思っているが、それは海外ではむしろ例外的だ。世界では今、危機的な水不足に瀕していて、アフリカやアジアでは水不足による紛争さえ起こっている。さらに、水を利権ビジネスと見る企業が、地球上の水資源支配に向けて動いている。世界では水の奪い合いが始まっているのだ。

危機管理意識の低さは、東日本大震災で露呈した。福島第一原発の事故の際、原子力委員会が召集されて現地に直行するというマニュアルは、実際には首都圏の混乱による交通の機能破綻で委員が集まらずに消し飛んだ。東京がいかに突発の危機にもろいかがさらけ出された格好だ。危機管理マニュアルが整備されていないか、整備されていても機能していないことが明らかになったのだ。

十か二十のセイフティネットを張ったジャンボ機でさえ落ちる。一〇〇%の安全はありえない。起こりうる不測の事態、最悪の事態を想定して立てる計画が決定的に欠如していたことを、「想定外」という言葉が表していた。逆にいえば、それだけ日常が危機にさらされていない、危機に慣れていないということでもある。

それは日常が平和で安定しているということを意味する。安定は心地よい。安定のなかにいる人間は、安定から離れることを本能的に嫌う。だから日本人は変化を避ける傾向がある。その変化が自分に有利に動くか不利に動くか分からない場合はなおさらだ。

日本は変化を好まず、内からの改革が起こりにくい。日本の政治、行政が既得権の確保に異常に敏感なのも、この変化を嫌う性質に由来していると思う。

明治維新、戦後の大変革は「外圧」による変化だった。システムや考え方が急激に変化している現在、日本は内発的に変化していけるかどうかが問われているのだ。

❖——自分が理解されないという前提

「自分はいつも安全だ」という考えは、「自分はいつも周りに理解されている」という思いに裏打ちされている。逆にいうと「常に自分が危険のただ中にある」という認識は、「誰も自分のことを理解していない」という意識から来ている。

アメリカで印象的な場面を記憶している。道路工夫が現場監督のような人間と言い合いをしていた。中身を聞いていると、どうやら工夫が失敗をしでかしたらしい。それについて釈明をしているのだ。

日本ならば部下が言い訳をし出したら、「ガタガタ言う前にまず作業を片付けろ。言い訳はそれからにしろ」となる。しかし、アメリカでは自分がなぜそうしたか、どのようなプロセスで失敗に至ったか、まず自分の立場を正当化して、上司がそれを理解してくれて初めて動き出す。そこが根本的に違っていた。

同じ人種で同じ教育を受けてきた日本人は、「自分のことをこの上司は分かってくれている」という前提をもとに動いている。だから「言い訳せずに」と言われても、言い訳の大部分はあらかじめ理解してくれていると考えている。だから言い訳は後で説明してもいいことになる。

しかし「誰も自分のことを理解していない」ことが前提の国では、自分のことを理解させて、自分の過失と責任の範囲をはっきりさせたうえで動き出すことになる。でなければ、自分の権利が侵害されるおそれがあるからだ。

日本は相手も自分と同じような存在であり、同じように考えていることを前提にいわゆる「阿《あ》吽《うん》の呼吸」が成立する社会だが、アメリカはそうではない。相手と自分は最初から異なるし、だから基本的に互いを理解していないことを前提にコミュニケーションをかたちづくる。

「誰も自分のことを理解していない」という前提があるかどうかは、プレゼンテーション能力の差に表れる。

千葉・浦安の東京ディズニーランドがオープンするとき、本場アメリカのディズニーランドの研修担当部長が、日本側の人事担当者に、

「日本では従業員に接客態度の基本はなんだと教えているか?」と接客の心得を尋ねた。もともと銀行員だったその人事担当者はこう答えたそうだ。

「お客様の立場になってものを考えろと教えています」

アメリカ人の研修担当者は笑って言った。

「なぜ、そんなことができるのですか?」

アメリカ人にとって「お客様の立場になってものを考える」ことなど、あまりに突飛でナンセンスな発想ということだ。白人が黒人の立場になる。中国人がイタリア人の立場になる。そんな

ことは彼らにとっては土台あり得ない話である。

日本では簡単に「相手の気持ちになって考えろ」と言うが、外国人には非常に違和感のある言葉となる。もともと理解できない相手の「気持ちになって」接することなど無理な相談だ。

プレゼンテーションとは聴衆に対して情報を提示し、理解・納得を得る行為を指す。だから、相互理解の前提がないアメリカでは、それだけ相手に理解させ納得させる技術が発達する。視線の動かし方から話し方の抑揚の付け方までが徹底的に意識化され、方法論化されるわけだ。

逆に「相手のことを理解し、相手も自分のことを理解している」という相互理解の前提からはプレゼンの技術は生まれない。日本人はプレゼンが非常にへたといわれるゆえんだ。日本人が異質なものとのつきあいを不得意とするのも、この延長上にある弱点といえるだろう。

❖──それは私の喜びです

アメリカの懐の深さに触れたことも一再ならずあった。

仕事でニューヨークのバスに乗ったときのことだった。通常の市バスなら運賃は三〇セントか四〇セントだが、急行バスなので二ドル五〇セントだった。しかしそのとき私は二〇ドル紙幣しか持っていなかった。バスに両替機やお釣りは用意していない。

運転手はお金に触ってはいけないことになっている。だから、一度料金箱にお金を入れるといっさい帰ってこない。二〇ドルを入れると、二ドル五〇セントのバス代がいっぺんに二〇ドルに跳ね上がることになる。

急行バスなのでネクタイを締めた紳士ばかりだった。私は近くの男性乗客に二〇ドル紙幣を見せて「小銭に両替してくれないか」と頼んだ。ところが、その男性も小銭を持っていなかった。すると彼はどうしたか。二ドル五〇セントを取り出して私に手渡したのだ。

初対面である。私がここから乗るのは初めてであり、もう二度とこのバスには乗らないだろう。だから返すことができない。そう告げると、彼はこう言った。

「It's my pleasure.」

日本では「どうしたしまして」と訳される言葉だが、「それは私の喜びです」が本来の意味である。

もし私がその時、みすぼらしい格好をしていたなら、くだんの紳士との関係は「恵む・恵まれる」の関係になっただろう。しかし私もネクタイをしたビジネスマンだった。つまり紳士の言葉の意味するところはこういうことだ。

自分は二〇ドルを両替できない。しかし二、三ドルなら持っている。だからこれを使ってくれ。それはあなたのためではあるが、同時に私のためでもある。助けを求めている人間の役に立つことは、私の喜びである。だから遠慮なく使っていただきたい——。

こういう考え方が普通に成立する国だった。

❖——ほぼ単一民族、単一言語の島国

アメリカにいた七八年から八〇年までの一年半。「日本人はなにか？　米国人とは？」という疑問を持ち続けた。アメリカ人と日本人の違いは、いったいどこに由来するのだろうか。長年、国際的なビジネスの現場を体験しながら、私は常にその問いについて考えざるを得なくなった。

まず、日米の地理的な違いは歴然としている。南北三〇〇〇余キロしかない小さな島国の日本に比べると、アメリカは移動するだけで一日がかりだ。自然の雄大さは日本の比ではない。飛行機からアリゾナの砂漠地帯を見ると、見渡す限り一本の道があるだけで、一軒の家もない状態を目にする。

アメリカはヨーロッパから新しい土地を求めてやってきた人たちが、先住民から土地を奪って追い払い、力で切り開いてきた開拓者の国だ。広い国土に世界から人種・言語・宗教が異なった移民たちが集まり、社会を形成している。

欧米人は概して狩猟民族を中心にした人種だ。本来の狩猟は個人技に頼るもので、強い個人技を持ったリーダーのもとに、多くの考えの異なる人間が集まる。宗教についても個人が一つの神と結びつく一神教が圧倒的主流だ。

個人個人が自分を第一に考え、しかも異なる人間と共存しながら社会の秩序を構成するためには、取引や合意形成のプロセスで、お互いが最終的に「ウイン・ウイン（自分も勝ち、相手も勝つ）」の状態になるような社会でなければ成り立たないだろう。

そこに至るために最も有効な条件は「フェアであること」である。アメリカの民主主義は、そこに起源を持つのではないだろうか。

対して日本を最も特徴づけているのは、まず島国という地理的な特徴だ。四方を海に囲まれているため、歴史的に侵略され征服されることがなかった。結果として支配・非支配の状態を生まず、共同体内の調和を何よりも優先する民族性を育んだ。争いや衝突を避け、平和と安定を好む。それは転じて変革意識と危機意識の欠如につながった。

気候が温暖で四季がはっきりとある。国土の多くが森林に恵まれ、災害が多い。これは人間の力でコントロールできない自然すべてに神が宿るとする「八百万の神」の発想につながり、「お上の言うことに従っておけば間違いはない」という「長いものには巻かれろ」式の性質を育てた。

農耕民族であり、土地に産する植物を食の基本としてきた。原始農業は、さほど知識や技術を要さず、広い土地を耕して種を蒔き、自然の力で育つのを待つ。そこに求められるのは、「忍耐と和」による労働力だ。それが勤勉で協調性に富む民族性を培った。

島国で基本的には単一民族、単一言語で成り立つために、「相手のことを自分は理解しているし、相手も自分のことを理解している」ことを前提とするいわゆる「甘えの文化」が育まれていったように思う。

日本人の同質性は、アメリカから帰国したときに肌で実感した。夕方、地下鉄から電車を乗り換えるとき、乗客がいっせいに降りてくる。アメリカのグランドセントラル駅でも見られる光景である。しかし、日本では出てくる乗客がみんな髪の毛の色も肌の色も同じ、服装もほとんど紺かグレーだったことに一瞬ぞっとした。外国人からすれば異様な光景に見えるのではないだろうか。

民族の特徴を成す同質性、単一性が、「相手の立場に立って考えよ」という教えを導き、相手の立場が理解できるからこそ格差や勝敗を生む競争や議論を嫌い、同時に変化を避け、「出る杭は打つ」という同調圧力を強める結果となったのだろう。

一方で、こうした勤勉で同質性を特徴とする国民性が、戦後の一律的な教育体制、国家体制をつくり、標準化された規格品の大量生産を支えに戦後経済の繁栄に寄与してきたことは前述したとおりだ。

❖――きしみを上げる日本

私はこの後も世界を飛び回り、ことあるたびに日本と海外の文化差を公私において体験した。

私が二十一世紀の日本と日本人の進路を考えるとき、この体験が核になっている。

当然ながら日本は世界でしか生き残ることができない。しかしそこに住んでいる日本人は世界の考え方のスタンダードを理解していない。逆からみると、内外の文化差を理解せずとも生きてこられたのが、これまでの日本だといえる。

しかし、そのツケは今やあらゆる領域に及んで、きしみを上げているようだ。政治、経済、行政、学術、マスメディア……。

私が関わる会計情報の分野でも同様のことがいえる。

世界には今、二つの大きな会計基準がある。世界最大の市場をもつアメリカの基準と、ロンドンの国際会計基準審議会（ＩＡＳＢ）がつくる国際会計基準のＩＦＲＳだ。経済のグローバル化に対応して、会計基準をＩＦＲＳに世界的に統一する動きが進んでいるが、日本はその動きにも遅れを取りはじめている。

アメリカを除く世界の主要国は二〇一一年までにＩＦＲＳを自国で適用しているが（アメリカは早くて二〇一五年以降の予定）、ＩＦＲＳを国際会計基準として認めようとする世界の動向に、今アメリカは再度そのリーダーシップを取り戻そうとする動きが見られる。日本はそのアメリカの動きをにらみながら、二〇一五年の強制適用を先送りする意向を二〇一一年夏に打ち出した。

会計情報はビジネスの言語である。つまり国際的な会計基準を適用しないということは、ビジネスの言語が直接話せないことを意味する。またまた通訳が必要になるのだ。

さらに会計情報は意思の表現でもある。意思の疎通をスムーズに図るためには、お互いの考え方、表現の仕方を理解しなければならない。

私たち日本人が海外でビジネスをするうえでは、その国の人たちの考え方を知らなければ、商売も意思疎通もうまくいかない。このことを私たち日本人は肝に銘じる必要がある。

そして、これまでの日本社会では「出る杭」は打たれたが、危機に直面する現代は「出る杭」こそ求められる時代だ。突出した人間が突出したまま伸びていける社会になるよう思考も環境も変える時期に来ているのだ。

第五章

職業倫理と社会貢献

職業とは何だろう。それは単に生活の糧を得る手段ではなく、社会とつながるための手だてでもある。そこには当然、ルール、もっといえば倫理が求められることになる。公認会計士の倫理とは何か。私はそれを監査という仕事を通じて関わった松下電器の経営哲学、そしてアメリカのビジネス現場から教えられた。この職業倫理は「社会貢献」というキーワードを媒介として、日本の未来につながっているように思う。

❖――ビジネスの基礎と本質

私は公認会計士という職業に携わった当初から、松下電器という日本を代表する家電メーカーと関わってきた（松下電器は現在パナソニックと社名を変更しているが、ここでは当時の社名を記す）。その会計・組織の成り立ちを通して「ビジネスの基礎」を教わったことは、私のそれ以後の職業観に決定的な影響を与えたといっても過言ではない。

松下電器の人たちには、右も左も分からない私のような大学卒業したての新参者を根気よく育てていただいたと今も感謝している。そして仕事を通して多くの友人、知人を得ることもできた。

PMM入社後は大阪事務所で、まず松下電器産業の監査アシスタントとして関わった。一年半にわたるニューヨーク事務所での仕事を終え、一九八〇年一月に日本に帰国したときは、肩書きとしては渡米した時のままのシニアだった。

アメリカ帰りの長期海外赴任者の第一号が、アメリカ仕込みの監査を行なった。「プロフェショナルの誇り」というものを直にアメリカで教わり、それをそのまま実践しようとしていた。まったく生意気な青年だったと思う。

翌年にスーパーバイザー、そしてマネジャー、八七年にパートナーになると同時に、監査法人の代表社員となった。四十一歳だった。そのころ、パートナーには五十歳代にならなければなれない時代だったから、大阪では最も早いパートナーだった。

松下電器とはエンゲージメント・パートナーという関係になった。エンゲージメント・パートナーは、前述したように今は「指定社員」と呼ばれているが、「契約ごとの担当社員」と考えてほしい。

ボスのビンガム氏は、長年にわたって松下電器の年次報告書（アメリカ基準で作成された財務報告）にサインを行なってきた。ビンガム氏の後任は私が直接引き継いだ。

渡米前とはまた異なるかたちで私は松下電器とかかわることになった。

俗にいう「松下イズム」で〝武装〟した経理社員と、再び監査を通して向き合ったことで、私はビジネスの本質をさらに考えさせられることになった。

以下、職業倫理とは何かについて考えるために、私の知る松下の経営哲学を通覧したい。

❖――「松下経理大学」に学ぶ

時間軸をさかのぼると、ＰＭＭ入社から二年ほど経って、私は松下電器と、アメリカの電池製造会社のマロリー社との合弁会社「ナショナル・マロリー社」の監査の現場責任者（シニア）となった。

この合弁会社は、日常の会計記録は松下が推奨する「経営経理」を実践しており、それに日本の俗にいう「税務会計」を中心にした会計を加味した、今でいう「超保守的な会計」だった。つまり、創業者松下幸之助の理念に沿った「ダム式経営」で利潤を貯め、必要なときに必要なだけ資金を注ぎ込むために〝貯水〟しておくのである。

このような経理にあっては、その経理責任者の責務は、事業責任者が行動を起こす時に資金の問題を起こさないよう、予測できる限りのことに備えた会計を日ごろからしておくことが肝要になる。もちろん、そのためには会社は利益を上げる体質でなければならない。

松下における会計部は「経理本部」（一九八〇年にこの呼称は解消）と呼ばれる。「経営経理」とも呼ばれる独自の考え方とシステムは、現代にも通用するビジネスの本質を指し示していると思うので、そのエッセンスを素描したい。

「経営経理」とは「経営に役立つ経理」を意味し、もっといえば「経理という職能によって経営を行なっている」ということさえ意味する。つまりここでの経理とは、「勘定のための経理」や「帳簿のための経理」ではない。「経営を展開していくためにかなめとなる経理」である。

まず独特なのは、その組織運営だ。松下電器の基本理念は、後にあらためて見る「徹底した社会への奉仕、ユーザーへのサービス」であり、そこに職業倫理につながる土壌がある。そしてこの基本理念を組織的に実現するため「事業部制」を取り入れた。

これは事業をテレビならテレビ事業部、ビデオならビデオ事業部と、製品分野ごとに分けて、事業部ごとに独立採算制をとるシステムである。この組織形態によって、まず事業部ごとの成果が明確になり、次に各事業部長は独立の経営者としての責任と自覚を身につけるようになる。

この松下経営の核をなす事業部制を側面から支えているのが、「経理社員」である。

松下で経理本部長や副社長を歴任した樋野正二氏の著した『「松下経理大学」の本』（一九八二年、実業之日本社）には、以下のように書かれている。

「経理本部には経理本部が独自に養成している『経理社員』がおり、子会社や各事業部に〝出向〟して、時には現場のアシスタントとして、あるいは事業計画の参画者として、または監視者として各事業上の屋台骨を支えている」

重要なのは、経理社員は所属する事業部の事業部長からの直接の人事評価を受けないことだ。経理社員は本社経理本部の担当役員が人事権を持っており、経理本部は本社副社長など取締役の直轄統治下にある。経理社員は事業部の間違いを指摘する義務があると同時に、人事的には本社担当役員が身を挺して守るというかたちをとる。

私は、経理担当の役員が事業部長の会議で「皆さまにお預けしている私の経理部社員は……」と語っているのを耳にしたことがある。そうした表現をすることで、暗に各事業部の最高責任者である事業部長にも経理部員の人事権を渡していないことを意識させるのである。

この組織運営によって、経理社員は事業部長にとっては強力なサポートをしてくれる頼りがいのある「女房役」でありながら、一方で事業部長の独走に歯止めをかけ、問題が生じればより早く本部に報告する「お目付役」の役割を担った。本社と各事業部におけるこの緊張関係が、経営全体に独特のダイナミズムを与えるといっていいだろう。

同時に、社内事業には内部監査部を設けて、事業部長の行動、そして経理部長の行動を監視・牽制をする。

仕事に取り組む際、計画を立てたら、実行に移し、その結果を検討するサイクルが求められる。問題点や予期せぬ結果が得られない場合は、原因を考え、対策を検討し、つぎの仕事の反省材料とする。松下はこの「Plan, do, see」（計画して、実行して、検討する）という仕事のサイクルを組織構成に内在させているわけだ。

❖――エリート意識と責任感

経理社員の権限は大きいが、同時に責任も重い。事業計画には、経理部員の一人ひとりが関与する。生産計画・人事計画・購買計画・資材発注計画・研究計画ありとあらゆるものに経理部の若い連中が、先輩たちと互角に渡り合って計画を練り上げる。それを、「予実管理」を通して経営を本社の経理部に報告する。

「予実管理」とは予算と実績を比較して達成率や差異を明らかにし、未達成の場合は必要な対策を検討するなどし、短期中期の目標達成を管理していくことを指す。

松下では人事予算、製造予算、購買予算など、予算を立てるときは必ず経理社員が関与し、実績も管理する。もし予実に大きな乖離が生じれば、本社経理のトップから「おまえは何をしに事業部に行ってるんだ！」とどやしつけられることになる。

少し専門的になるが、松下では予算管理を徹底するために、旧松下電子工業（株）の合弁相手先のフィリップスの予算統制制度の一つであるバジェット制を導入していた。

各部門の事業計画目標は、「標準値」の設定によって計数的に示され、予算・標準原価計算によって事業計画に繰り込まれる。月々の決算では、標準値と実績数値の差として各事業の活動成果が明らかになる。その差異の原因を追及することが、計画の改善と対策につながる仕組みだ。

経理のスローガンの第一項目には「現場に入ろう」が掲げられていた。経理社員たちは現場をよく知っていた。伝票の数字を合わせるのが経理ではない。原価が高いか安いか、一日に一度は製品倉庫に入れ。歩き回り、ものを見て、現場を見て、それを数値化していく。

そうやって現場の人たちと一緒に作り上げた事業計画は、経理部の一人ひとりの血と汗の産物であると共に、努力目標であり、必達の目標でもあった。未達の責任は、事業部長と共に経理責任者も追及された。信賞必罰は経理の柱だった。

それだけに、経理社員はたとえ新人でも使命感にあふれ、事業部に入った経理は経理だけで団結していた。いい意味でのエリート意識を持ち、社内での自己の役割を理解し、自覚して日々の行動規範を明確にすることで、その地位を保持する。

海外の企業で数字を読めることは一つの能力であり、CFO（最高財務責任者）は最高経営責任者（CEO）や最高執行責任者（COO）と同様、強い権限と地位を持つ。しかし日本の企業のほとんどは、財務や経理よりもむしろ経営企画のほうが強い傾向がある。

その意味ではやはり松下の経営術は独特かもしれない。こうしたシステムを成立させることで、松下は巨大な組織を統制し、同一の方向に統率していったのである。

こうした経理制度を確立したのが、創業者の松下幸之助翁の右腕だった高橋荒太郎元会長であり、その経営経理の理念のもとにこそ、松下電器の礎を築き上げることができたのではないだろうか。

それは予算管理といった金勘定ではなく、今でいう「企業の社会的責任（ＣＳＲ）」、職業倫理につながるものだった。私は監査人としてそこに直接関わることになる。

❖──数字でコントロールされる経営管理

さて、以上述べてきた「経営経理」の理念とシステムは、現代のビジネスといかにかかわるのだろうか。

前述したように、松下の組織運営は事業部ごとに独立採算制を取っている。事業部長は独立した経営者として、本体から「社長の分身」として大幅に権限を委譲されていることを意味する。大幅な権限委譲は同時にリスクを伴う。独立採算制をとる各事業部は、本社や他の事業部からの資金融通があるわけではなく、自ら利益を上げなくてはならない。

そこに「数字の魔術」というか「数字のお化粧」というか、もっと言えば「粉飾」の可能性が生じる。営業実績を実際よりもよく見せたくなるものだ。最初は誤差範囲内でも、それが常態化していくと、組織にとっての致命傷になりかねない。

それを常時ウォッチし、フィードバックしていくために導入されたのが「経営経理」であった。それを機能させていくためには経理の権限が強くなければならないし、そのための必要条件として経理の人事権は事業部から切り離されていなければならない。これはいわば組織のチェック・アンド・バランスのシステムといっていいだろう。経営を事業部に「任せている」ということは同時に「見張っている」ということなのだ。

組織が巨大化すると、その組織管理に膨大な費用を要する。本社での一括管理に比べて事業部ごとに経理や人事を置けば、そのぶん費用がかさむ。このため今は効率性を求めて、人事、経理などのマネジメントは、コンピューターを介した本社の集中管理が急速に進んでいるのが実情だ。

効率性重視の経営管理は確かに合理的だが、一方でフェイス・ツー・フェイスの管理ができなくなることを意味する。コンピューター管理は経理において象徴的だが、数字によるコントロールだけになる。その延長線上には、数字の意味することが具体的に経理マンに把握できていないという事態が生じる。

具体的に言えば、取引記録にしても「借り方」「貸し方」の片方だけを入力すれば自動的にコンピューターが「仕訳」するため、転記する必要もない。かつては帳簿をめくって書き入れていたため、経理担当はその証票がどこに行くかまで分かっていたが、今は分からなくても会計業務は可能になった。

人を介さない経営は、経営管理が数字によってコントロールされることを意味する。無機質な数字の上下だけで経営の正否が判断されるということだ。しかし、組織が人から成立する限り、人経営が薄くなればなるほど会社のコントロールは難しくなるだろう。しまいにはコントロールが効かなくなるのだ。

そこには企業経営に本来必要なものがすっぽり抜け落ちている。本来必要なものとは何か。松下経営術にこそ、その答えがあるように思う。

❖──「社会の公器」としての会社

松下幸之助翁の語録に「水道哲学」と呼ばれる経営理念がある。翁の言葉を引けば、「産業人の使命も、水道の水の如く、物資を無尽蔵たらしめ、無代に等しい価格で提供する事にある」

つまり、水道の蛇口をひねればいくらでも水が出るように、市井の人々が必要とする生活物資を安い値段で世の中全体に行き渡るようにしようという思想だ。社会のニーズに合ったものを、社会が欲するままに提供していくのが水道哲学である。

それが社会における会社の地位を保障する。だから会社は自分のものではない、「社会の公器」なんだという言い方をする。ここから「報国」、国に尽くすという精神が生まれる。

私企業なら自らの利益を最優先にするのが常識だろう。そしてその常識は近年、強欲資本主義とも呼ばれる酷薄なマーケット至上主義の普及によって急速に世界を席巻しているようにも見える。しかし、松下の場合は、広く社会に貢献し、奉仕することを第一義とするのである。

そして、その社会への貢献度、人々への奉仕度に応じて正当な報酬がもたらされると考える。「報酬のために企業活動をする」という考え方とは似ているようで、ここには本質的な隔たりがある。

松下幸之助の理念のなかには「適正利益」という考え方がある。社会に貢献している企業だけが、社会からその貢献の評価として利益を上げることを許されていると考えるのだ。逆にいうと、「利益の上がらない企業・事業は社会的存在価値がない」。そういう解釈をもって企業利益を追求する。

蛇口をひねって茶色い水が出るのなら、それは止めなはれ。そんな会社は潰れなはれ。社会が求めてないものを作る必要はありません。それは社会が淘汰してくれます――。

翁に仕えた人に直接聞いた話だが、松下翁は子会社にお金を貸すことを極度にいやがったという。「儲からない商売なら、やめなはれ。そこに金貸したらあきません」という論理だった。「自分で金は調達しなさい。できへんかったら、本社が金貸すことは、あいならん」

だから松下翁の「儲けてまっか？」は、すなわち「適切な利益をあげていますか？」であり、「社会に認められていますか？」「社会に必要なものを供給していますか？」「社会に貢献していますか？」と同義の問いということになる。

ではこの場合、企業経営において「利益率が上がっていない」というときの「利益率」とは何か。サービスを提供した結果として報酬があるなら、「利益が上がっていない」ということは「あなたは社会に役立っていない」ということだ。そういう〝問い詰め方〟ができる。

しかし、ただ「利益が上がっていない」ということならば、利益とは「収益マイナス費用」の結果として出る数字の意味だけになる。この場合の解決策は、「収益を上げる」か「費用を切りつめるか」の二者択一となる。そこから社会への貢献、人々への奉仕という発想はけっして出てこない。

前述したように、無機的な数字の上下だけでは、経営のコントロールはやがて効かなくなるだろう。私はそう考える。なぜなら、社員自らが行動する本質的なインセンティブは、数字の上下ではなく、愛社精神や公的な使命感といったヒューマンな要素が必ずその中核にあると思うからだ。これは洋の東西を問わず、普遍的にいえることではないだろうか。

❖ 職業を通じた社会貢献

このように言うのも、こうした企業理念は、松下翁も会員だった国際的な社会奉仕連合団体「国際ロータリー」の根本精神たる「職業を通しての社会貢献」に重なるからである。松下電器の経営システムと理念をくわしく見てきたのは、そこに欧米流の職業倫理に通じる回路があるからだ。

「ロータリー綱領」の原文とその和訳を見てみよう。

Object of Rotary

The Object of Rotary is to encourage and foster the ideal of service as a basis or worthy enterprise and, in particular, to encourage and foster;

First. The development of acquaintance as an opportunity for service;

Second. High ethical standards in business and professions; the recognition of worthiness of all useful occupation; and the dignifying by each Rotarian of his occupation as an opportunity to serve society

Third. The application of ideal service by every Rotarian to his personal, business and com-

munity life;
Fourth. The advancement of international understanding, good will, and peace through a world fellowship of business and professional men united in the ideal of service.

「ロータリーの綱領」

ロータリーの綱領は、有益な事業の基礎として奉仕の理想を鼓吹し、これを育成し、特に次の各項を鼓吹育成することにある。
1、奉仕の機会として知り合いを広めること。
2、事業および専門職務の道徳的水準を高めること。あらゆる有用な業務は尊重されるべきであるという認識を深めること。そしてロータリアン各自が、業務を通じて社会に奉仕するために、その業務を品位あらしめること。
3、ロータリアンすべてが、その個人生活、事業生活および社会生活に常に奉仕の理想を適用すること。
4、奉仕の理想に結ばれた、事業と専門職務に携わる人の世界的親交によって、国際間の理解と親善と平和を推進すること。
（ロータリー日本財団）

ロータリーの中にも、最もサービスを提供する人が最もプロフィット（利益）を得るという考え方がある。そのときに「サービス」は、一般に日本では「奉仕」と訳されているが、これは正しくは「貢献」と訳すべきだと思う。

同じ「サービス」の和訳でも、「奉仕」と「貢献」では意味するところはまったく違う。日本の「奉仕」は報酬がない。無報酬。つまり「一番奉仕をした人が感謝される、尊敬される」くらいのイメージになる。

そうではなく、「貢献」には報酬が伴う。サービスにリターンのないものはない。リターンが期待されないサービスはない。リターンが利益であり、逆にいえばそれが「お金儲け」の本質なのだという思想だ。

企業経営にとって大切なことは以下の三つである。

（1）明確な利益概念の設定
（2）企業理念・目標の明確化
（3）理念教育と反復練習

松下の場合、(1)の「利益」とは社会への貢献の結果としてもたらされる「報酬」である。(2)の「企業理念」は「報国の精神」という社会貢献で表現される。そして最後に、その理念を反復し、教育することによって従業員に浸透させる。

こうした利益概念、企業理念によって教育された従業員の行動は、数字で管理された従業員とはおのずから異なってくるに違いない。

❖――プロテスタンティズムの寄付と脱税

「社会貢献としての職業」という考え方は、近代社会学の創始者マックス・ウェーバーの古典的名著『プロテスタンティズムの倫理と資本主義の精神』のなかにもその論理が内蔵されている。

キリスト教のプロテスタントは、世俗の労働を神から与えられた「天職」として受け入れ、労働は禁欲・隣人愛の手段であり義務であるとする思想に至る。ウェーバーはこうした思想が資本主義発展の駆動力と見た。つまり資本主義の精神の中枢には、キリスト教プロテスタントの倫理があるとした。

天職は英語でいえば「calling」。「神が『お前はこれをやりなさい』と思し召した職」という意味からきている。職業は神が与えた天職であり、そこに貴賤はない。天職を全うした人間が神から選ばれ、救われる。利益を得て社会に還元する。

これを松下流に言えば「企業は製品を供給することで社会に貢献する。その見返りとして利益がある」となる。

アメリカの起源をみると、プロテスタントのピューリタン（清教徒）がボストンに渡り、そこから西部開拓史が始まっている。彼らはそこに「神の地」を作るために選ばれた民と考えていた。だから先住民たちを神の名をもとに殺戮して土地を収奪することができた。「選ばれたる民」になれば、天国に行けるのだから。

プロテスタンティズムの国アメリカでは、だから寄付金の考え方も日本と根本的に異なる。「さまざまな職業に貴賤はないから、誇りを持って利益を得よ。天職を全うし、サービスを提供すれば利益を得られる。利益を得ることは罪悪ではない。ただ、利益は神の御心に添ったかどうかが試される。利益をすべてわがものにすれば、神の御心から離れる。だから社会に還元しなければならない」

このため、ロックフェラー財団、マイクロソフトのビル・ゲイツ、アメリカの大金持ちはそろってケタ外れの寄付をする。

それは税金対策であり、なおかつ宗教倫理にも合致する。つまり神から与えられた職業によって利潤を得て、それを隣人愛の実践として他者に分け与えることで「選ばれたる民」になるわけである。

その寄付金で事業が起こされ、国全体が動く。金融が発達したのも、一神教の神から選ばれた民が、神から託されて債権を発行しているという考えがあるからではないだろうか。だから国民は自分たちが国を動かしている感覚を持っている。アメリカのビジネスには、そうした思想が伏流水のように流れている。

アメリカでは脱税は重罪である。例えば国家議員が脱税で摘発されれば、二度と国政に預かれない。なぜか。神の御心に添う行為だからこそ税金を免除されるのであって、それを超えて自ら税を免除する、つまり脱税は「神をも恐れぬ行為」であり、それだけにそれへの監視の目も厳しい。

彼らは自分たちの国をどうするかを自分たちのお金で動かしているという感覚を持っている。だから、みんなが応分負担している税金を自分だけが逃れていることは、悪質なルール違反なのである。

日本人の場合、税金はお上に吸い上げられているもの、脱税が発覚したらお金さえ納めれば済む、とさえ考えている。国政参加に関する意識が日本人とアメリカ人とで根本から異なる背景には宗教的な要素が色濃くある。

❖――欲望と欲望が衝突する場所

天職が「神から与えられた職業」なら、その職業を裏切ることは「神を裏切る」ことにつながる。アメリカにおける職業倫理とは本来、そうした宗教的背景を持ったものだ。

とくに公認会計士、税理士、弁護士、建築士といった国が認可を与える士業（さむらい業）には、高度な専門性とともに公共性が求められるはずである。

しかし、二十一世紀に入って日本で起こった姉歯一級建築士の耐震構造計算書偽造事件、ライブドア事件、カネボウ、日興コーディアルの粉飾決算、二〇一一年秋に発覚したオリンパスの粉飾決算、これらはみんな士業の職業倫理にかかわる事件である。

なぜこうした事件が日本で後を絶たないのか。そこには文化という要因が根強く横たわっていると思う。ここからは職業会計人の職業倫理について考えてみたい。

アメリカで私は「お前たちはプロだろ」「プライドを持て」とよく言われた。そのたびに「プロフェッショナルというのは何か？」「その誇りとは何か？」を自問した。

私たち公認会計士がやっている作業は、要するにプロフェッショナルの目で財務書類を見て、それがフェアであるということを保障してハンコを押しているだけだ。入れる数値や変数は決まっているが、その変数が理にかなっているかどうかを素人が判断してはいけない。だからこそ、そこにプロとしての士業が成立する。

監査の判断材料は会社が出す。それが正しいかどうかを公認会計士が判断する。投資するかどうかを決めるのは買い手の責任だ。だから公認会計士に金を払っているのは直接的には会社だが、資本の論理からいえば、株主が企業に「審査してほしい」と委託していることになる。

だから本来、公認会計士は会社にではなく、その先の投資家に責任があるのだ。会社と投資家で利害がぶつかることになる。どっちかで有利ならどっちか不利になる。既に述べたように、そのときフェアであるかどうかの判断の基準となるのが「真実」だ。公認会計士は真実に基づいて判断しなければ、プロフェッショナルである資格を有しないのだ。

なぜ監査という仕事があるのかを考えたとき、人間の性にぶつかる。つまり監査の前提にある思想は「必ず人は不正する」つまり「粉飾は必ずある」ということだ。

投資家は自分のお金を事業に投資して増やそうとする。事業を任せられた側は、事業が成功しているよう見せようとする。自分の成果を測られる指標である財務表をよく見せようとする心理が働く。

見せたくない数値があれば、そこに粉飾が起こりうる。投資家はその数値が本当かどうか見抜こうとする。プロセスが複雑になると、数値をチェックするプロが必要になり、士業としての公認会計士が生まれる。

つまり、監査とは欲望と欲望が衝突する場所に必要とされる。言葉を換えていえば、監査とは「人間の性悪説」に基づいているのである。

ところが日本の場合、「上に立つ者がごまかしをするわけがない」という〝お上絶対主義〟あるいは「ある程度はごまかしも許される」という〝甘えの精神〟が隅々にまで根付いている。だから、当初の監査は「一押しなんぼ」と言われた。ハンコを押し、サインをしたらお墨付き。それをもらえば万事ＯＫという「事なかれ主義」があった。相次ぐ士業の不祥事の背景には、構造的要因があるのだ。

日本の戦後の会計士の歴史を祖述すると、一九四八年に公認会計士法が制定され、計理士制度から公認会計士制度が導入され、アメリカの証券取引法監査が導入されていった。しかし六〇年代半ば、サンウエーブ工業や山陽特殊製鋼の粉飾決算が引き金となって公認会計士法が改正され、より組織的監査制度として監査法人制度が導入されるようになった。

日本の資本主義が成熟する過程で外国資本がどんどん流入し、海外の投資家は情報を求めるようになった。それを受けて外資系の会計事務所が入った。

一九八〇年に入ると、日本の洪水的輸出が始まって貿易不均衡が起こった。今度は資本が日本から海外へ流れた。情報は逆に海外から日本に来る。そこに会計基準の差があったために情報が正確に解読できない。ここにも外資系の会計事務所が入る余地があったのだ。

ところが、システムが導入されても、日本人に根付いた精神、民族性はそう簡単に変わらない。欲望がせめぎ合う場所には、公正さを基準とした厳しいチェックが求められるのである。

無機的な数字の羅列に見える会計には、その国の文化が深く内在しているのである。

❖——会計は人が左右する

では、ここであらためて「会計学とは何か？」と問うてみよう。その問いに私は「記録と判断、慣習の総合的産物である」と答える。「え？　慣習まで入ってくるの？」と質問される。記録と判断までは分かる。なぜ慣習が入るのか？

『会計学序説』を著したW・A・ペイトンによると、「会計とは、経済緒力を財務尺度によって測定し、かかる測定の結果を利害関係者に伝達する行為である」

ここで「測定」とは、「人がルールに従って対象を数値化する過程」である。「伝達」とは「結果を利用目的に即して報告をする。伝達は、『提示』を越えて被伝達者に何らかの影響を与える意図を含んでいる」。（青柳文司著『会計学の原理』一九七九年、中央経済社）

ちょっと回りくどいが、会計とはつまり「企業活動について、貨幣というかたちで人間が、あるルールに従って割り出した数値結果を、何らかの意図を持って株主や債権者に伝達する」ことを指す。

ここで大切なのは、ルールを使うのは人である、ということだ。ルールの適用の仕方には個人差がある。さらにその結果を単に提示するのではなく、「こう見てほしい」という意図を持って利用者に影響を与えることが含意される。

つまり会計とは、「人」が左右するものなのである。「人」には日本人もいれば、アメリカ人もいる。その人のなかにルールがある。会計基準が国ごとに異なるのは、人がルールを決めているからであり、そのルールにはお国柄が出ざるを得ないということだ。

ここまで言うと、会計は「記録と判断と慣習の総合的産物」であるということが理解できるはずだ。会計には「その社会の人々に根付いた歴史的な行動様式」である「慣習」という要素が、反映せざるを得ないのだ。

だから、私たちが監査を行なう場合、その企業の属する国の特徴を知らなければならない。その国の企業の状況を伝達する手段が財務諸表なのだから。

❖——公認会計士の社会的使命

では、公認会計士の役割とは何だろう。公認会計士法第一条「公認会計士の使命」の項を見てみよう。

第一条　公認会計士は、監査及び会計の専門家として、独立した立場において、財務書類その他の財務に関する情報の信頼性を確保することにより、会社等の公正な事業活動、投資者及び債権者の保護等を図り、もって国民経済の健全な発展に寄与することを使命とする。

すなわち公認会計士の担う役割は、以下の四項目にまとめることができる。

（1）監査及び会計の専門家
（2）独立した立場において
（3）財務書類その他の財務に関する情報の信頼性を確保すること
（4）国民経済の健全な発展に寄与すること

一つひとつ見ていこう。

（1）監査及び会計の専門家

これは最低条件である。複雑化した現在の会計を操り、情報を適切に提供するには専門家でなければできない。しかもその知識を提供して報酬をもらうプロフェッショナルだ。そのことを忘れている公認会計士が多すぎる。それが数々の不祥事につながっている。

（2）独立した立場において

これが難しい。誰からも独立することが可能なのかどうか。よく「監査する対象である会社から報酬をもらって、会社に対して耳の痛いことが言えるのですか？」という指摘を耳にする。報酬は会社が、投資家に代わって支払っていると考えるべきと思う。

ここで特に監査を念頭においての独立性は何を意味するのだろうか。投資家たちに、「公平な情報」を伝えるということは、これまで述べてきたように「真実を伝える」以外ない。誰にも偏らない情報、それは真実だけだ。真実を報告することができれば、誰からも独立した立場であるといえる。

(3) 情報の信頼性を確保すること

これは基本的には公認会計士だけに与えられた職務で、監査を意味している。職業会計人のなかには、公認会計士のほかに税務に関する業務を行なう税理士という資格がある。公認会計士はその資格で税理士登録ができ、税務業務を行なうことができる。

私の資格も、公認会計士・税理士ということになっている。が、ここでは「公認会計士の使命」ということだから、公認会計士固有の職務である「監査」が使命の第一である。

(4) 国民経済の健全な発展に寄与すること

このことを最大の使命とし、その目的達成のために何をするかということは、職業倫理につながる。公認会計士としての職務を考えると、そこにおのずと規範となる原理が成立するのではないだろうか。

❖——カネボウの巨大粉飾はなぜ起こったか

監査の職業倫理について考えるために、実際に起こったカネボウとオリンパスの事件を検討してみる。カネボウの事件は老舗企業の粉飾で監査法人の公認会計士が逮捕される事態にまで至ったことで、日本の監査制度の問題点を浮き彫りにした。

国内化粧品市場の伸び悩みなどで経営不振に陥っていたカネボウは、二〇〇〇年三月期から〇四年三月期までの五年分で、粉飾額が約二一五〇億円にも上った。事業会社としては過去最高の粉飾額だった。内訳は

(1) 売上の過大計上・経費の過少計上（二八〇億円）
(2) 不採算関係会社一五社を意図的に連結決算から外した（六六〇億円）
(3) 在庫評価・投融資評価（一二一〇億円）

企業の決算書をチェックする立場にある公認会計士が、会社ぐるみの経理操作に手を貸していたことが分かった。東京証券取引所はカネボウ株の上場を廃止した。

粉飾の手口を、公認会計士の立場で解説してみよう。

（1）の「売上過大経費の過小計上」（二八〇億円）は、会計的には古典的で単純な粉飾だ。ただ実際には伝票類はあるだろうし、関係会社や、子会社、仕入業者などを使って巧妙にごまかしていたと思われる。

売掛金の回収、経費の支払いから無理が生じていたはずで、長期にわたっていたことから公認会計士は当初見過ごしてしまった。そのため徐々に金額が増加して意見が言い出しにくかったのではないかと思われる。

（2）で関係会社を「意図的に」連結から外したということは、公認会計士もその意図と手順を十分に理解していたということだろう。

従来は子会社の持ち株比率五一％以上かどうかが連結の範囲の基準だったが、現在は実質的な支配関係があるかどうかが基準となっている。

子会社の採算が取れていないと、連結財務諸表の内容が悪化する。そこで実質的な支配権を有しているにもかかわらず、持ち株比率を下げて、連結子会社に該当しないように形式を整えて、連結から外したわけだ。公認会計士はこの事実を知りながらも目をつむったのだろう。

（3）の「在庫・投資の評価減の未計上」。これは本当に原始的な問題だ。在庫品は仕入れた物であり、投資は実際にお金を投資した行為の結果なのだ。取得原価主義からいえば、過去に実際、その支出があり記録されていたわけだ。

しかし、物には現在の価値、使用価値、売却可能価値等がある。それをいっさい無視したのだろう。売れない商品も廃棄せず、大事に取っておくわけだ。投資も、何の利益も生まないようになった、いや損失ばかりを生む赤字会社の投資を当初の投資額で置いておく。本当にその投資を売却するか、解散させると、もしかすると追銭が要ったかもしれない。

こうして総額二一五〇億円もの巨額な粉飾がなされた。

❖──性善説に基づく審査体制

当の監査法人は、どのように原因を分析していたのか。当時の中央青山監査法人のホームページからの情報（二〇〇六年六月十二日、「金融庁への報告書の提出について」）をもとに見てみよう。

監査は「批判的審査はされていなかった」とある。これは担当社員（エンゲージメント・パートナー）が審査担当者に「何も問題なしと」と報告していたということになる。かつての日本系監査法人ではよくあることだ。この法人の場合も、旧中央監査法人チームだったという。

審査チームも社員が責任を取るのだから、相談されたら検討するが、責任を取る社員が「問題ない」といっているのだからいいでしょう、ということになる。

すなわち「性善説」に基づいた審査体制であり、「批判的審査」がなされていなかった。外資系の監査法人では考えられないことである。

ここからは実際に見たわけではないので憶測となるが、審査資料という審査用の資料を担当社員が作成し、その資料のなかだけでの審査で、基礎資料にさかのぼるレビューがなされていなかったと考えられる。

旧ビッグエイト（世界八大会計事務所）の流れを汲む外資系ではあまり考えられない。外資系の場合、監査契約で報告書を出す際には、審査員（コンカーリング・パートナー）はすべての重要な調書を見ることを求められている。

パナソニックやネスレのような大規模会社でも、基本的にはすべての重要な調書を見るステップが審査の中で組み込まれているし、そのことを保証するため定期的に内部で自主的に「サイト・レビュー」を行なっている。

これはもう人の問題であり、「倫理観の欠如」としか言いようがない。かつての日本系事務所のシステムでも、監査法人が無限責任の特殊法人であることを各公認会計士が認識していれば、重要な情報は必ず社員間（パートナー間）で共有すべきものとなる。

実際、公認会計士はカネボウの全容を把握していて、何度も経営者に話をしているはずである。しかし以下の理由から目をつむったのではないかと推測する。

①カネボウという名門が、倒産するはずがない
②巨額の報酬がなくなり、法人の存在感がなくなる
③単年度の問題ではなく、長年の粉飾の積み重ねで一年度だけで解消するには問題が大きすぎた
④銀行出身の副社長の派遣元銀行への見栄
⑤多くの従業員を路頭に迷わすことになる恐れ

事件の結果、中央青山監査法人の関与社員である公認会計士四人は逮捕され、監査法人は業務停止処分後、二つの法人（あらた監査法人・みすず監査法人）に分解した。新しく名称を変えたみすず監査法人も、日興コーディアル証券の粉飾事件で、社会における信用は失墜し、職員の離脱で二〇〇七年六月末をもって清算法人になった。

❖――オリンパスの損失隠しで何が起こったか

カネボウの事件と対照をなすのが、二〇一一年に発覚したオリンパスの巨額損失隠しである。新聞記事、オリンパスの調査報告書等から分かることは次のようなことだ。

オリンパスは、バブル崩壊時に多額の損失を出したが、歴代の会社首脳はそれを知りつつも公表しなかった。長期にわたる損失隠しだ。同社はこれを会計処理するために、二〇〇八年に実態

とかけ離れた高額による企業買収（国内三社）を行ない、それを投資失敗による特別損失として計上して処理し、本当の損失原因を粉飾しようとしたのである。

二〇一一年に社長に就任したイギリス人のマイケル・ウッドフォード氏は、不透明で高額な企業買収で会社と株主に損害を与えたとして、経営幹部の引責辞任を促したが、直後に開かれた取締役会議で社長職を解任された。ウッドフォード氏がことの経緯を公表したことでオリンパスの株価は急落した。

さて、ここで検討したいのは、会計チェックの任に当たる監査法人の動向である。

当初監査を担当したあずさ監査法人は私の出身母体である。事件が発覚してすぐに、私はオリンパスが公表している有価証券報告書と監査報告書をホームページでチェックした。すると、そこで何が起こったのかがおおよそ推測できた。

オリンパスの監査会計人は、当初あずさ監査法人だったが、二〇〇九年三月期の監査で交代して、新日本監査法人に引き継がれている。

二〇〇九年三月期の連結損益計算書を見ると、特別損失合計額が一一〇〇億円という通常あり得ない金額にのぼっている。その前年の特別損失合計額が二〇億円だったことを考えると、いかに異常な数字であることが分かるだろう。

しかも一一〇〇億円のうち一五〇〇億円は「前期損益修正損」である。これは、一五〇〇億円は本来、前期以前に損失額として計上しておかなければならないということを示している。

つまり、このときに「何か」が起こったということだ。何が起こったのか。

❖──事を荒立てない風土

あずさ監査法人の監査人のメンバーの移り変わりを確認した。すると、二〇〇五年から顔ぶれが毎年代わっていた。

オリンパスの会計処理の不正に気づいて、解任覚悟で経営に疑義を唱えて、経営陣に意見を具申したのだろう。オリンパス側はそれを「経営に対する不当な介入」として事実上、監査人を解任し、新日本監査法人にすげ替えたに違いない。

結局、その時点で不正を正すことができなかったという点で、監査法人の機能を十分果たしたとはいえないが、いわば会社ぐるみで粉飾をしたカネボウのケースとは一線を画している。

二〇一一年十二月に出された第三者委員会による調査報告書を読むと、事件の原因は経営トップの不正・隠蔽としたうえで、

「(巨額の損失処理の発生についての)原因の究明、責任者の確定、責任の追及がまったくされず、(略)役員間には事を荒立てず、自分の担当する業務のみを見て、『大過なく』職務を乗り切ろうとする意識があった」と指摘している。

ここで指摘されているのは、役員たちの〝事なかれ主義〟である。自らの保身を優先して組織の中で異を唱えることをせず、無責任体制のままずるずると不健全な状態が続いていったというわけだ。

さらに調査報告書は、オリンパスの会計処理や経営判断に疑義を唱えたあずさ監査法人も、結局は財務諸表を妥当と見なす「無限定適正意見」を出したことを「問題なしとはいえない」と指摘している。

つまり当初の監査人は腹をくくって解任覚悟で意見を表明し、その意味では「事を荒立て」たのだが、結局、不正が表沙汰になることはなく、オリンパスが〝浄化〟されることはなかった。

新社長がイギリス人のウッドフォード氏でなければ、ここまで大々的に「事を荒立てる」ことはなかったと思われる。

すなわち不正の原因は一に経営トップの責任に帰せられるが、損失隠しを醸成した誘因は日本の企業、いやもっといえば日本の社会全体に根ざした精神風土にあるのではないだろうか。

社内の内部統制やコンプライアンス（法令遵守）の確立はいうまでもない。しかし、後を絶たない不祥事に歯止めをかけるためには、社会貢献としての企業活動、社会貢献としての職業という理念が、いま一度問われなければならない。

終章　なぜ日本なのか

❖──『日本沈没』が投げかけた問題

日本に巨大地震が相次ぎ、各地で休火山が噴火を始めた。日本列島は四国から次々に海中に没し、日本政府は国民を海外に避難させる計画を進めていく。日本列島はやがて海に呑み込まれ、完全に消滅する──。

小松左京の『日本沈没』が刊行されたのは一九七三年だった。高度経済成長が終焉を迎えた第一次石油ショックの年。このSF大作は上下巻で計三八五万部という記録的ベストセラーとなり、映画、テレビドラマ、ラジオドラマとなった。

それから三十三年を経た二〇〇六年に刊行された『日本沈没　第二部』のあとがきで、小松氏は当時の執筆動機として、悲惨な敗戦を忘れて高度成長で浮かれていた日本は本当に「世界の日本」として通用するのか疑問だった、と振り返っている。

「そこで、『国』を失ったかもしれない日本人を、『フィクション』の中でそのような危機にもう一度直面させてみよう、そして、日本人とは何か、日本とはどんな国なのかを、じっくりと考えてみよう、という思いで、『日本沈没』を書きはじめたのである」

（小松左京、谷甲州著『日本沈没　第二部』小学館）

日本SF文学史に残るこの名作が日本で空前の大ブームを巻き起こしたころ、私は国際会計士事務所の新米公認会計士として現場を走り回っていた。石油ショックで戦後最大の不況といわれつつも、戦後から破竹の勢いで成長した日本に勢いがあったころだ。

その後、国際会計人として海外企業の買収や合併・再編の商取引に関わり、欧米のビジネスマンとつきあっていく中で、「日本人は世界で通用するのか」「日本人とは何か」「日本とはどんな国なのか」という小松氏と同じ疑問に幾度も直面した。

その間、経済的にも政治的にも社会的にもゆるやかな下降線をたどっていく日本を内外から見るたびに、「日本沈没」という象徴的なタイトルをせつない思いとともに思い浮かべた。

自分の中ではそれまで喩えに過ぎなかったこの四文字の言葉が、にわかに現実感を伴って迫ってきたのは、二〇一一年三月十一日、巨大な地震と大津波、それに続く原発事故が日本を襲ったときだった。

そして悪夢のような大災害を前にした政府の迷走ぶりと、リーダーシップの決定的な欠如。現地の人々の頑張りと復興への思いとは裏腹に、世界の中で日本が沈んでいく姿をまざまざと見せつけられた思いがした。

政治、経済、社会、教育、マスコミ、大学、地域、家族……あらゆる領域のシステムが制度疲労を起こしているうえに、震災と原発事故による放射能汚染の影響は、長らくこの国に大きな負担として重くのしかかるだろう。

『日本沈没　第二部』は、日本が沈没してから二十五年後を描いている。国土を失った日本が、自らのアイデンティティーを世界に示すため、日本列島が沈んだ海域に巨大な人工島を建設し、難民となって世界各地に離散した日本人を呼び戻し、その再興を図る——というストーリーである。

そこで、こんな疑問が浮かぶ。

なぜ日本なのか?

なぜ日本人を呼び戻さなければいけないのか。世界各地でそれぞれがうまくやっていけばそれでいいのではないか。

「日本の再興」というとき、その核となるアイデンティティーは何なのか。治安の良さか、四季の存在か。あるいは人々の奥ゆかしさ、繊細な文化、モノ作りの技術……。

なぜ日本なのかを知るためには、日本とは何かを知る必要がある。

❖──自他のOSを理解する

私たちは自分を知ることで他者との差異を知り、他者との差異を知ることで、自分をよりよく知ることができる。そのことについては、これまで繰り返し書いてきた。

コンピューターでシステム全体を管理するOS（オペレーション・システム）が異なれば、同じアプリケーションソフトを無理に組み込んだところで、うまく作動しないのは目に見えている。日本と海外で異なる基本的価値観や思考システムは、このOSの違いに似ている。ベースとなる発想が異なるために、そのうえに外来のシステムを移入してもうまく機能しないのだ。

では価値観が異なれば、まったく〝互換性〟がないかとなるとそんなことはない。どちらも同じ人間である。共通項があるからこそ、コミュニケーションは図れるし、ビジネスもできる。グローバル化も進展する。この相手とこちらとの相違点と共通点と見極めることが、国際化のプロセスにおける要諦だと思う。

私がビジネス相手に会ったとき、最初にいつも口にするせりふは、「Humanbeing is humanbeing.」。人間は人間だ。

「Man is man.」。男は男。

「Man likes woman.」。男は女を好きだ。

相手がニヤッと笑ったら、こいつとは本音で話すことができるということが分かる。笑わなければ、こちらも構えてしまう。これは洋の東西を問わない共通点だ。

私たちが異なる価値観の相手と仕事をし、交渉するときは、相手がどんなOSで動いているのか、すなわちどんな価値観とロジックをもとに考え、行動しているのかを理解することが必要になる。

グローバル化とは、自他の共通点と相違点をはっきりと把握し、異なるOSとOSのインターフェースをうまく接続していくことを指すのである。そして相手のOSを本当に理解するには、まず自分のOSの特徴、強みと弱みを理解することが必須となる。

❖――自分一人では自己満足できない

人が十全に生きるうえでも、「自分とは何か」について知ることが不可欠だ。そのために掲げたのが、第三章で紹介した「三つの棚卸し」だ。再度掲載する。

（1）何がしたいか
（2）何ができるのか
（3）それができる環境なのか

最初のモチベーションは「自分が本当にしたい」ことだ。しかし、人間には生まれながらに能力差がある。やりたいことをやる能力がいる。そして、たとえ能力的にやれても、それをできる環境にあるのかどうかを判断しなければならない。

なぜ、「三つの棚卸し」が必要なのかと聞かれたら、「それは自己満足のためだ」と答えよう。反社会的行為でも慈善事業でも、どんなことをしようとも、最後は結局、自分が満足するために人は生きている。

ただ、「自己満足」というとき、考えなければいけないのは、何が人を満足させるかということだ。

物質的な快楽を得ることによる満足感は、人間の幸福の一部として厳然とある。第三章で見た「幸福の四階建て論」の第一ステージだ。だが人間の生きる目的は、経済的な豊かさに向けてのみ働くわけではない。

というのも、人間の幸せは他者の存在抜きには考えられないからだ。どんな優れた作品でも、どんな立派な行為でも、他人から評価されて初めて人は満足できる。他者に認められ、評価され、求められるそのときにこそ、人間の幸せは十全なものとなる。

経済的な豊かさだけならば、人は一人でも幸せを手にすることができるだろう。しかし、社会的動物である人間は、詰まるところ一人だけで幸せを味わうことはできない。一人ではないことに人の存在価値があって、その存在価値は他者という「反射体」の評価によってしか確かめられないのだ。

他人のことをおもんぱかって動くのは、究極的には自分のためだ。つまり、社会貢献も社会に自分を認めさせるために行なう自己満足の行為といえる。そのリターンとして報酬があれば、それが仕事となるだけだ。

そう考えたとき、自分の幸せをどう追求するか。

まず、「自分がやるべきことは何か」を自分に問いかける。自分に与えられた能力やチャンスを生かしながら、自分の価値を例えば仕事というかたちで表現する。それを他人の役に立てる。自分は他人の幸せのために必要だから存在すると自覚する。それが自分の幸せをかたちづくり、実は他人の幸せもかたちづくる。

「幸福の四階建て論」の最終ステージは、「克服できない苦難や悲しみの中に幸福を見る」という逆説的な境地だった。それは、他人に役立つことが実は自分に役立つ、社会への貢献が自分への貢献になるという逆説に生きるときにこそ到達できる境地ではないだろうか。

❖――驚かれた互助精神

さて、「他人のことをおもんぱかって動く」ことを自己の満足とすることに長けた、世界でも非常に珍しい民族がいる。

そう、日本人である。

昔からさまざまに繰り広げられてきた日本人論で、必ず指摘される日本人の特性は、「他者志向」であり「世間志向」であり「集団志向」である。

それは自分の都合よりも、他人や組織、世間の都合を優先する傾向を指している。これまで「恥の文化」「甘えの構造」「母性社会」「タテ社会」といったさまざまな言葉でも表されてもきた。

それが長所として出る場合は、「協調性」「平和主義」「優しさ」「忍耐」「従順さ」「順応性」などと表現される。

短所として表れる場合は、「個の不確立」「甘え」「他人依存」「無責任体制」「事なかれ主義」などとなる。「長いものに巻かれろ」「寄らば大樹の陰」ということわざにも、それは言い表されている。

日本人のそうした特性が最も発揮されたのが、東日本大震災だった。未曾有の惨事にも東北の被災者が草の根レベルで見せた互助精神、忍耐強さ、礼儀正しさ、規律と秩序ある行動に海外は目を見張った。

救援の自衛隊が被災者に「必要なだけ救援物資を取りなさい」と言うと、被災者は「いえ、私たちはけっこうです。もっと奥に困難な人がいるので持って行ってあげてください」と自分を後回しにする。暴動が起こってわれ先に物資を奪い合うような姿は見られなかった。

しかし一方で、理不尽な状況にも異議申し立てをせず、状況の改革を促す組織的な行動は目立って見られなかった。統治レベルでは、圧倒的なリーダーシップの欠如と無責任体制が指揮系統と現場に混乱と無秩序を招いた。こうした精神風土が、相次ぐ企業の不祥事の背景にあることは第五章で見た。

ここで注目したいのは、海外から評価された互助精神のほうだ。海外から驚かれたことに、むしろ日本人が驚かされた。日本人にとっては被災者の行動はあまりに普通のことだったからだ。海外の反応は、他者のことをおもんぱかり、苦しいときは互いに助け合っていく営みが日本人に深く根付いた民族性に基づいていることをあらためて自覚させてくれた。それは日本人のアイデンティティーの核といってもいいだろう。

私たちは、ここでも他者（の反応）を知ることによって、自分たちを知ることができたことになる。「日本とは何か」という問いの答えの一つを見つけることができたとはいえないか。

海外の反応は、日本人が見せた互助の精神が普遍性を持っていることをも示している。このことは、日本がこれから国際社会とどういうふうに付き合っていくかを考えるヒントになるのではないだろうか。

❖——日本が世界にできる貢献

「なぜ日本か」という問いの答えがここにあるように思う。

世界には今も紛争や衝突が絶えない。激化こそすれ沈静化する兆しはない。他者と競争し、優位に立つことによって得られる満足感は確かにある。しかし、他者と助け合ったり、他者に与えたりすることによって得られる満足感は、同じ他者を前提にしながらも根本の発想を異にする。

与えることによって双方が満足を得られるなら、それは「ウイン・ウイン」の関係となる。そうした仕組みは、必ずしも宗教的な倫理を必要としないはずだ。

互いを思いやる気持ちや損得勘定抜きの助け合い、忍耐や協調、時には自己犠牲といった日本人の特性である精神性や倫理観が、これからの世界になんらかのかたちで役立たないだろうか。

たとえばビジネスでいえば、これまで日本はモノを介して世界と付き合ってきた。貿易立国として、車やエレクトロニクス製品といったモノを売ることで海外と交流してきた。

今やモノ作りの現場は、台頭する新興国に移りつつある。これから日本が世界とやりとりするときに役立つことができるのは、モノそのものではなく、モノ作りやマネジメントのノウハウであり知恵といった側面だろう。

そのときにキーワードになるのが、調和や忍耐や助け合いだ。

それらが甘えや事なかれ主義などと隣り合わせであることは既に述べた。日本人が本来持っている特性の長所と短所を自覚して、より良く生きる力とするには、まず互助の精神をいしずえとした社会のイメージを日本人全体で共有しなければならない。

一人ひとりが幸せになる努力をして、自分の価値を仕事として表現し、自分の価値を高めることが、周りの人の価値をも高めていく。その営み自体が社会に認められ、その評価は報酬というかたちでフィードバックされる。そのことがさらに、自分の価値を高めるモチベーションとなる。

簡単にいえば、それは自分の幸せを他人に分け与えることが評価される社会であり、自分が幸せになることがすなわち他人の幸せになるような社会だ。

そうした社会づくりへの意志を日本人が目指すことができたとき、それは日本が世界に指し示すことができる新しい価値観となるのではないだろうか。それが、日本が世界にできる貢献ではないだろうか。日本が二十一世紀、世界に出ていくことができるのは、そうしたかたちをおいてほかにないと思う。

夢物語であり、単なる妄想だろうか。しかし、「三つの棚卸し」を思い出してほしい。自分の幸せを実現していくためになすべき最初の問いかけは、「自分は何がしたいか」だった。私たちは「何をしたいのか」という問いから出発しよう。その問いにどう答えるか。世界への貢献が自らの誇りと幸せになるような日本にしたい。そういう答えを私は日本人みんなで共有したいと思う。

あとがき

本書を書く契機になったのは、「はじめに」でも述べたように、今世紀に入って会計と公認会計士にまつわる経済事件が立て続けに発生したことにある。同じ時期に姉歯耐震構造偽装事件をはじめ「士業」の職業倫理にかかわる不祥事も多発した。

東日本大震災の後処理を見ても、官は明確な手段を講ずることができず、政治家たちは国のことよりも自らの地位を守ることに汲々としている。

日本の公共性が土台から崩れようとしているのである。

国外に目を転じると、九・一一テロからリーマンショック、欧州経済危機と急激な変化にさらされている。アメリカの圧倒的な経済力と軍事力のもと、アメリカとEU、日本で世界の貿易を支配する時代は終わりを告げた。発展途上国や中興国の台頭で、これまでのようにG7（先進七カ国）だけではもはや世界をコントロールできなくなっている。

そして二〇一一年の記録的な円高は、自国の安全や自由、経済が自助努力だけでは保てなくなった世界情勢を明確に示した。資源がなく人口が減少し続ける島国国家が生き残る道は、もはや世界から多民族を受け入れるか、日本人が海外に出て活躍するかしかないのではないか。

世界が激変し日本が迷走する中で、国際的な職業会計人として長らく日本と日本人のあり方について考えてきた私の経験が少しでも役に立てばとの思いから、本書の執筆を思い立った。自分の経験の伝達が私にとっての「職業を通しての社会貢献」だと思ったのだ。

その社会貢献の一つとして、私は長く勤めた監査法人を退職した一年後の二〇〇七年に、日本の未来を担う若い世代に向けた私塾「のぞみ塾」を始めた。二〇一二年四月には第五期を迎えた。

非常にわがままな塾で、途中入塾、退塾は自由。ただし私は二度同じ問題を取り上げないし、反復もしない。私の経験をもとに、独断と偏見に基づいた日本国論、日本人論を展開し、国際化の遅れた日本人が世界で活躍するための最低の条件づくりをする。その条件とはビジネスの条件でもあり、人として考えるべき条件でもある。そこでの議論が本書にも少なからず生かされている。

幸せとは何か、幸せをどう求めるのかというテーマにも触れたかった。二〇一一年秋、ブータンの皇太子ご夫妻の来日で「幸福とは何か」という問題が浮上したが、宇宙や地球という単位で考えるなら、私たち個人の一生は短くはかないものだ。その限りある人生をいかに生きるか、またいかなる終末を迎えるかという幸福論の支えがない国家論や国際平和論は虚しい。

重要なのは、終章で述べたように人は一人だけでは幸せを築けないということだ。人を愛し、人に影響し、人に影響され、人という鏡を見ることを通して人は幸せを実感できる。自分の経験を伝えて他者に影響を与えようとした本書の執筆も、その意味では幸せを求める行為といえる。

強調したかったのは、日本が世界で果たす役割についてだった。多くの日本人は今の自分の環境を変えず、今の幸せを守ろうとして改革・変化を恐れているように見える。

しかし、日本人が協調を旨とする自分たちの特性を自覚して、その互助精神を武器に世界に踏み出していけば、紛争の絶えない世界に何らかのかたちで貢献できるのではないか。今こそ日本人がその高い倫理で世界をリードしていくときなのではないか。それこそが日本が世界で生き残っていく道だという思いを本書に込めた。

世界に貢献することは、結果的に自分の国を愛することになり、一度限りの自分の生を生かすことにつながる。私たちは地球に生まれ、地球で一生を送るのだから、世界を視野に自分が今何をしたいか、何ができるのか、それができる環境にあるのかを問いながら行動していくことを呼びかけたい。

私は人生の多くを職業会計人として生き、なかでも一貫してピート・マーウィック・ミッチェル会計士事務所（現ＫＰＭＧ）で働くことができた。振り返ると、その仕事を通して多くの人に会い、その人たちから多くを学べたことは本当に幸せだった。

クライアント（お客様）とのお付き合いからも多くのことを学ばせて頂いた。本来ならお一人お一人の名前を挙げて御礼を申し上げるべきところ、あまりにもたくさんの皆様にお世話になったため、失礼ながらこの場をお借りして皆様にお礼申し上げます。

湯浅光章

二〇一二年四月

著者略歴

１９４６年　京都府生まれ
１９６９年　公認会計士第二次試験合格
１９７０年　同志社大学商学部卒業
　ピート・マーウィック・ミッチェル会計士事務所（現ＫＰＭＧ）入社
１９７３年　公認会計士登録
１９７８年　同事務所ニューヨーク事務所（～80年）
１９８７年　港監査法人（ＫＰＭＧ監査部門の日本法人）代表社員
１９９３年　税理士登録
２０００年　ＫＰＭＧの合併とともに監査法人を移籍、常にＫＰＭＧの部門に在籍
　新日本監査法人（現　新日本有限責任監査法人）常任理事（～03年）
２００２年　学校法人大阪成蹊学園・評議員（～09年）
２００３年　あずさ監査法人（現　有限責任あずさ監査法人）代表社員
２００６年　あずさ監査法人退職
　公認会計士　湯浅光章事務所　開設

2007年　同志社大学大学院ビジネス研究科・嘱託講師（〜09年）
実業家のためのボランティア私塾「のぞみ塾」開講
2008年　株式会社淀川製鋼所・社外監査役
学校法人聖母被昇天学院・監事（〜10年）
株式会社ワールド・社外取締役
同志社大学大学院商学研究科・嘱託講師
2009年　大阪成蹊学園・監事
双日株式会社・社外監査役

著者……湯浅光章（ゆあさ・みつあき）
公認会計士、税理士。1946年京都府生まれ。同志社大卒。70年にピート・マーウィック・ミッチェル会計士事務所（現KPMG）入社。ニューヨーク事務所などを経て2006年に独立、公認会計士湯浅光章事務所開設。現在、同志社大学大学院講師。淀川製鋼所、双日の社外監査役、ワールドの社外取締役。実業者のための私塾「のぞみ塾」主宰。

装丁………山田英春
DTP制作………勝澤節子
編集協力………田中はるか

世界をつかむ「3つの棚卸し」
国際会計人が提案する明日を生き抜く方法

発行日❖2012年6月30日　初版第1刷

著者
湯浅光章

編集
片岡義博

発行者
杉山尚次

発行所
株式会社言視舎
東京都千代田区富士見2-2-2 〒102-0071
電話03-3234-5997　FAX 03-3234-5957
http://www.s-pn.jp/

印刷・製本
㈱厚徳社

ISBN978-4-905369-35-6 C0034

言視舎の関連書

978-4-905369-31-8

すぐわかる ユーロ危機の真相

どうなる日本の財政と円

なぜ信用不安がユーロ圏に集中したのか？ なぜユーロ圏の財政金融政策は金融危機に対応できないのか？ 危機の原因を①ユーロ圏の国債バブル、②欧州銀行の不良資産問題、③ユーロ圏銀行のドル依存症、の３つの側面から解明。日本は？

米倉茂著

四六判並製　定価1600円＋税

978-4-905369-14-1

消費税は「弱者」にやさしい！

「逆進性」という虚構の正体

消費税は「逆進性」があるから、低所得者層に負担が大きいという虚構あるいは神話を、だれでも入手できるデータを駆使して論破。生活する立場から経済を見直す。本書抜きに増税論議は始まらない。

桜井良治著

四六判並製　定価1500円＋税

978-4-905369-07-3

「ザインエレクトロニクス」最強ベンチャー論

強い人材・組織をどのようにつくるか

就職優良起業にランキングされるベンチャー企業「ザインエレクトロニクス」。そのＣＥＯが語る強い組織の〝秘密〟。仕事に対する心構え、人材育成法から、日本のビジネス環境論、日本の技術を再生させる方策まで、イノベーションを実現する叡智の数々。

飯塚哲哉／田辺孝二／出川通著

四六判並製　定価1400円＋税